JULES MÉLINE
Ancien Ministre de l'Agriculture

Le Salut
par la Terre

ET LE

Programme Économique
de l'Avenir

PARIS
LIBRAIRIE HACHETTE ET C⁰
79, BOULEVARD SAINT-GERMAIN, 79
—
1919

LE
Salut par la Terre

DU MÊME AUTEUR

A LA MÊME LIBRAIRIE

Le Retour à la Terre et la Surproduction industrielle, (*Bibliotheque variée*) 1 vol in 16 broché.

82716 — Imprimerie LAHURE, 9, rue de Fleurus, à Paris — 4-1919

JULES MÉLINE
Ancien Ministre de l'Agriculture

Le Salut par la Terre

ET LE

Programme Économique de l'Avenir

PARIS
LIBRAIRIE HACHETTE ET Cⁱᵉ
79, BOULEVARD SAINT-GERMAIN, 79

1919

LE SALUT PAR LA TERRE

ET LE

PROGRAMME ÉCONOMIQUE DE L'AVENIR

CHAPITRE I

LE LENDEMAIN DE LA VICTOIRE

IMMENSITÉ DES DESTRUCTIONS ET DIFFICULTÉS DE NOTRE RECONSTITUTION NATIONALE ‖ DOUBLE BUT A ATTEINDRE, SUFFIRE AUX BESOINS DU MOMENT ET ASSURER LA LIQUIDATION DES CHARGES DE GUERRE ‖ L'INDUSTRIE ET L'AGRICULTURE BASES DE NOTRE RECONSTITUTION ‖ L'ACTION DE L'AGRICULTURE PLUS IMMÉDIATE, PLUS INDISPENSABLE. ‖ L'ALIMENTATION PUBLIQUE PASSE AVANT TOUT. ‖ BILAN ALIMENTAIRE AVANT LA GUERRE ‖ LES DEFICITS DE L'APRÈS-GUERRE. ‖ L'AGRICULTURE FRANÇAISE PEUT SEULE LES COMBLER ‖ SEULE AUSSI ELLE PEUT REPARER LES BRÈCHES FAITES A NOTRE FORTUNE, A NOTRE CAPITAL NATIONAL. ‖ PRÉVISIONS BUDGETAIRES DE L'AVENIR, L'ENORMITE DE NOS CHARGES

Le plus grand drame de l'histoire touche à sa fin et, comme on pouvait le prévoir, il s'achève par le triomphe définitif de la justice et de l'humanité; mais l'heure des réparations et des reconstitutions est arrivée et nous allons entrer dans une période

de difficultés formidables qui exigera presque autant
de courag   que la mêlee des aimes et le déploie-
ment de vertus nouvelles. Peut-être même l'épreuve
nous paraîtra-t-elle plus rude que celle de la guerre
parce qu'elle sera de plus longue durée et que nous
t.e serons plus soutenus par l'élan fougueux des
batailles; il nous faudra lutter froidement, obscu-
rément, contre un danger invisible et toujours
présent: la difficulté de vivre.

C'est que la guerre d'où nous soitons ne ressemble
à aucune auue; il en est qui ont duré plus longtemps, mais qu'étaient les guerres d'autrefois com-
parées à la véritable éruption volcanique qui vient
d'ébranler toute notre planète et qui, en quelques
années, a tué plus d'hommes et détruit plus de
choses que la guerre de Cent ans.

Aussi, tous les Français victimes de l'horrible
cataclysme ont-ils le même sentiment . c'est
qu'après les ravages, les destructions matérielles,
les anéantissements de capitaux qui ont épuisé
notre malheureux pays par des sacrifices prolongés
représentant le travail de plusieurs générations, il
ne peut plus être question, pour nous remettre en
marche, d'une simple liquidation, d'une liquidation
ordinaire par les moyens ordinaires. Il ne suffit
plus de réparer la maison, il faut demain la recons-
truire de fond en comble; il y va du salut de
la patrie.

Mais comment, par quels moyens, la France
parviendra-t-elle à se relever de ses ruines, à se
reconstituer et à reprendre dans le monde une place
digne d'elle, à la hauteur de son héroïsme et des
sacrifices qu'elle s'est imposés pour sauver la civilisation dans le monde? Telle est la question angois-

sante que se posent en ce moment tous les bons Français et à laquelle nous voudrions essayer de répondre.

***

Le problème est si vaste et d'une telle complexité que personne ne saurait avoir la prétention de l'embrasser tout entier ; mais il est permis et possible d'en préparer la solution en l'étudiant dans ses différentes parties et en précisant bien les directions qui s'imposent aux pouvoirs publics et à la masse de la nation.

Sur le but à atteindre tout le monde est d'accord et il est facile à définir : il consiste, d'une part, à pourvoir tout de suite aux besoins les plus pressants de la nation, à ceux qui constituent en quelque sorte sa vie quotidienne, en lui rendant le plus rapidement possible toute sa puissance de production et en portant à son maximum notre activité nationale ; d'autre part, à assurer son avenir en réparant les brèches faites à sa fortune et en rétablissant les réserves de capitaux de toute nature qu'elle a englouti dans le gouffre de la guerre. On se trouve ainsi en présence de ce qu'on pourrait appeler les questions du jour et les questions du lendemain.

L'œuvre à accomplir comporte deux phases, la phase de reconstruction et la phase de liquidation, la première comprenant le rétablissement de tout ce qui a été détruit, surtout celui des instruments de travail et de production, indispensables pour faire renaître la vie partout et rétablir notre fortune détruite : la seconde, qui n'est que la con-

clusion de la première et qui comprend la liquidation des charges de toute nature que l'abominable
gueiie fera peser sur nous et que l'indemnité allemande ne compensera jamais. Tant que cette liquidation ne sera pas assurée dans des conditions
supportables pour les générations actuelles et
futures, nous serons dans un état de demi-faillite
qui pourrait paralyser toute notre action au
dedans et au dehors.

**

Or, pour lútter sur ce double terrain, pour
assurer la vie quotidienne de la nation et pour lui
permettre de reconstituer sa fortune, il faut que la
France fasse appel à tous les éléments de son activité générale, producteurs de richesses D'où la
nécessité de les passer en revue et d'en étudier le
fc tionnement de très près, si on veut se rendre
un compte exact de ce qu'on peut demander à
chacun d'eux.

Nous rencontrons d'abord l'Industrie et l'Agriculture qui sont nos deux principaux instruments
de fortune, nos deux générateurs de richesse, ceux
qu'on peut considérer comme le centre de toute
notre activité nationale; tout giavite autour d'elles.
Nous n'entendons nullement pour cela les isoler
des autres forces économiques et nous reconnais-
sons volontiers que la fortune d'un grand pays
afflue par une foule de canaux invisibles qui contribuent tous à la prospérité générale.

Le Commerce notamment réalise des bénéfices à
l'Intérieur et à l'Extérieur qu'il reverse sans cesse
dans le torrent de la circulation et qui sont un

facteur considérable de prospérité financière et
économique

Il y a néanmoins cette différence profonde entre
le Commerce et l'Industrie ou l'Agriculture qu'il
ne fait qu'assurer et activer la circulation des produits, tandis que l'Industrie et l'Agriculture sont
des créatrices de produits et par conséquent de
capital. C'est donc sur elles que repose en réalité
l'avenir économique et financier de la France, et
sur elles que nous devons d'abord compter pour
rétablir sa fortune si profondément entamée par la
guerre.

Et maintenant quel rôle faut-il assigner à chacune
d'elles, quelle est celle des deux sur laquelle il faut
compter d'abord et qui a droit à la priorité dans
nos espérances. C'est la première question à mettre
en tête du programme de l'avenir et qu'il faut
d'abord résoudre

Nous, n'hésitons pas à dire que le premier rang
appartient à l'Agriculture, d'abord parce que c'est
elle qui peut être le plus vite reconstituée et qui
sera la première en état de donner une satisfaction
immédiate à des besoins plus pressants que ceux
auxquels l'Industrie doit pourvoir; ensuite, parce
que c'est surtout l'Agriculture qui peut faire face,
à brève échéance, aux charges écrasantes qui vont
doubler et tripler nos budgets d'après-guerre.

Expliquons-nous sur ces différents points.

Que l'Agriculture soit, de toutes les branches
de l'activité nationale, celle qui, au lendemain de
la guerre, sera le plus vite en état de prendre la
tête de notre reconstitution économique, personne
n'en saurait douter. La terre est, heureusement, de
tous les instruments de travail, celui qui se dété-

noie le moins et qui se répare le plus vite, elle est
un des rares qu'on ne puisse pas détruire complètement. Aussi sa résurrection sera-t-elle plus
rapide que celle de l'Industrie. Dès qu'on aura
résolu le problème de la main-d'œuvre et du personnel d'exploitation, — qu'il faudra résoudre à
tout prix, — la terre de France sortira de son lin-
ceul comme par enchantement et il lui suffira d'une
ou de deux années, sauf dans les régions complètement détruites par l'ennemi, pour reprendre et
même pour accroître sa puissance de production
Nos agriculteurs seront, du reste, tellement encou-
ragés par les hauts prix de toutes les denrées d'alimentation, qu'ils feront des prodiges pour obtenir
du sol, le plus rapidement possible, son maximum
de rendement.

*
* *

Il faudra s'en féliciter à un premier point de vue;
de tous les genres de production, il n'en est pas de
plus essentiel, de plus pressant que celui qui a la
charge de l'alimentation publique L'être humain
peut bien, dans une certaine mesure et pour un
certain temps, se passer des produits de l'industrie,
mais il ne peut pas se passer de son pain quotidien

C'est ce qui fait qu'en temps de guerre la question alimentaire prime tout et que l'agriculture a
forcément le pas sur l'industrie; sans l'intrépidité
farouche des femmes, des enfants et des vieillards
restés à la terre, nous aurions été incapables de
soutenir la lutte jusqu'au bout.

**
*

Maintenant que la guerre est finie, le problème alimentaire n'en restera pas moins pour longtemps encore la plus angoissante des préoccupations, non seulement en France, mais dans le monde entier. De toutes les difficultés que nous aura légué l'horrible fléau, ce sera peut-être la plus aiguë.

Nos voisins et amis les Anglais n'ont pas attendu la fin de la guerre pour y songer. Reconnaissant la faute qu'ils avaient commise en sacrifiant leur agriculture à leur industrie, ils ont tenu à la réparer, et, sans perdre une minute, ils ont remis en culture la plus grande partie de leur sol livré à la prairie, à la forêt et aux landes. C'est ainsi qu'en Irlande la surface des terres labourées a été augmentée de plus de 80 pour 100.

Quand on se bat, on oublie sa faim et on se résigne à toutes les privations. Mais, quand le danger est passé, les estomacs prennent leur revanche et deviennent d'autant plus exigeants qu'ils ont plus souffert. Il en résulte dans la population un état d'esprit contre lequel il ne faut pas songer à lutter. Ventre affamé n'a pas d'oreilles, et un gouvernement qui, au lieu d'agir, essaierait de louvoyer ou de sévir s'exposerait aux pires dangers. Il y aura, la tourmente passée, assez de ferments de mauvaise humeur pour qu'on n'y ajoute pas la crise des vivres. La paix publique dépend, au premier chef, de ce facteur capital.

Or, pour assurer largement l'alimentation publique et abréger les souffrances de la vie chère, il n'existe qu'un moyen, c'est de faire affluer sur nos marchés les produits indispensables à la masse de la population.

Avant la guerre, la situation de la France, au point de vue alimentaire, s'était considérablement améliorée, grâce à la sagesse prévoyante de notre régime douanier de 1892, qui avait rendu la confiance à nos agriculteurs en leur permettant de lutter à armes égales contre leurs concurrents étrangers. C'est ainsi qu'avec l'augmentation de notre production, nos achats de produits agricoles à l'étranger qui, avant 1892, dépassaient en moyenne de 700 millions notre exportation, nos ventes à l'étranger étaient descendues graduellement, et, en 1910, la différence n'était plus que de 210 millions environ. On pouvait alors entrevoir le jour prochain ou la France se suffirait à elle-même, et, dans certaines années, elle se suffisait déjà pour un grand nombre de produits.

Il est juste de dire que, dans les années qui ont précédé la guerre cette magnifique situation commençait déjà à se modifier à notre désavantage.

La désertion des campagnes en était la principale cause et notre régime douanier ne pouvait que l'atténuer. A ceux qui seraient tentés de mettre en doute sa valeur et l'influence décisive qu'il a exercée sur notre production nationale au moment où elle était si gravement compromise, nous ne pouvons que conseiller la lecture d'un ouvrage dû à la plume d'un Économiste éminent, M. Edmond Théry, qui a fait de l'Economie politique une science positive. Son *Histoire Economique de 1890 a 1900* fait ressortir, par une étude approfondie et des chiffres indiscutables, l'évolution mondiale qui aurait abouti à notre écrasement économique si nous n'avions pas, par un minimum de protection, rétabli l'égalité dans la lutte entre nous et des concurrents plus favorisés

Mais, aujourd'hui, notre situation est autrement grave et on aperçoit tout de suite ,dans quelles conditions affreusement difficiles nous allons nous trouver (pour améliorer la balance de notre commerce et satisfaire aux besoins de l'alimentation publique). Nous sommes en face de la plus formidable destruction de produits alimentaires qui se soit jamais vue dans le monde, au moment même où nos besoins ne font que s'accroître.

Ne comptons pas trop sur l'étranger pour venir à notre secours immédiat ; la guerre a épuisé les approvisionnements mondiaux et les difficultés de transport seront telles, qu'elles ne permettront guère aux nations restées en pleine production de venir immédiatement au secours de celles dont les greniers seront vides. Nous ne serons pas seuls du reste à assiéger les marchés des pays grands producteurs ; nous y rencontrerons la concurrence directe ou cachée de nos ennemis qui achèteront à tout prix. Il faut donc prévoir une période de transition assez longue et très douloureuse jusqu'au rétablissement de l'état normal de la production agricole et des approvisionnements alimentaires dans le monde.

Comme nous ne pouvons pas attendre que l'équilibre mondial soit rétabli pour suffire à nos besoins, il ne nous reste qu'une ressource, si nous ne voulons pas nous exposer à de terribles privations, c'est de ne compter que sur nous-mêmes et de nous sauver nous-mêmes en tâchant de nous suffire par nos propres moyens, en ressuscitant notre bonne terre de France si généreuse et si riche, pour lui demander de reprenure sa fécondité au profit de ceux qui l'ont arrachée aux griffes de l'envahisseur C'est ainsi que nos agriculteurs qui, par leur héroisme, ont sauvé une première fois la France au prix de leur sang, la sauveront une seconde fois en l'empêchant de mourir de faim

Ce sont eux qui, avec le temps, assureront à la masse de la population la vie à bon marché qu'on ne peut plus songer à demander à l'importation étrangère et qui ne peut résulter que de l'abondance de notre production. Les hauts prix du marché ne s'abaisseront qu'au fur et à mesure que celle-ci montera ; sans doute ils resteront encore assez élevés, et il le faudra bien pour tenir compte à nos agriculteurs du relèvement de leur prix de revient, mais avec le temps, les progrès de la culture et l'augmentation des rendements, la baisse s'opérera d'elle-même sans que les agriculteurs en souffrent et tout le monde aura satisfaction.

*
* *

Nous arrivons ainsi à cette première conclusion, pour ce qui regarde seulement l'alimentation publique, que c'est à notre agriculture que nous devons demander la solution de cet angoissant problème. Il nous reste à établir que c'est sur elle encore que nous sommes surtout obligés de compter pour rétablir notre fortune et supporter les charges écrasantes qui seront la suite de la guerre.

Car l'alimentation publique n'est qu'un des côtés du problème général de notre reconstitution de l'après-guerre. Certes, c'est déjà beaucoup pour la

masse des Français d'avoir la table mise et le vivre
assuré, mais il est difficile de bien digérer quand
on est criblé de dettes et que les créanciers frappent
à la porte

Ce sera là malheureusement la situation de la
France au lendemain de la guerre ; les charges de
toute nature qui vont peser sur elle seront énormes
et nous aurons tous à en supporter notre part. Sans
doute notre dette sera glorieuse entre toutes, mais
elle n'en sera pas moins écrasante.

Le bilan de notre situation financière a été établi
devant le Sénat par celui de ses membres qui est
une des plus hautes autorités en pareille matière, par l'honorable M. Ribot. Dans la séance
du 27 décembre 1918, l'ancien ministre des Finances
a disséqué les budgets de l'avenir et ouvert les yeux
de ceux qui s'imaginent que nous pouvons continuer
à dépenser sans compter, oubliant que la guerre
est finie et qu'il faut aujourd'hui payer. Nous avons
pris l'habitude de jouer avec les milliards comme
autrefois avec les millions parce que les expédients
de trésorerie et les emprunts nous ont fait illusion,
mais il nous faut aujourd'hui établir nos comptes,
ce qui n'est pas facile, et trouver les moyens de les
régler, ce qui est plus difficile encore.

Écoutons M. Ribot et enregistrons ses chiffres
en commençant par notre dette publique qui était
avant la guerre de 30 milliards et qui va être portée
aux environs de 170 milliards, soit une augmentation de 140 milliards. Elle s'accroîtra encore ; car
les dépenses de reconstitution se conjuguent aujour-
d'hui avec nos depenses de guerre et elles exigeront
un compte de liquidation très élevé ; il y aura aussi
la charge des allocations qu'on ne peut pas suppri-

mer du jour au lendemain, les indemnités de démobilisation, la conversion des bons communaux qui peut entraîner une charge de plus de 2 milliards, enfin les achats de blé qui nous coûteront provisoirement plusieurs milliards pour maintenir le prix du pain à son cours de guerre.

En dehors du compte de liquidation, nous aurons à inscrire à notre budget normal la dette sacrée de l'assistance sous toutes les formes à nos glorieux mutilés, aux veuves et aux enfants de ceux qui ont été tués au Champ d'honneur, dont le chiffre est incalculable. Il faudra y ajouter les dépenses régulières de l'armée et de la marine pour lesquelles il n'y a pas un centime dans le budget de 1919.

M. Ribot arrive ainsi à cette conclusion que les 5 milliards de notre budget normal d'avant-guerre devront être portés très probablement à 18 ou 19 milliards. L'honorable M. Klotz, ministre des Finances, qui, lui aussi, connaît bien son budget, a été dans sa réponse à M. Ribot un peu plus optimiste, mais il ne s'éloigne pas beaucoup de lui dans ses précisions sur les budgets de l'avenir puisqu'il a reconnu que le budget d'avant-guerre qui atteignait en chiffre rond 5 milliards sera plus que triplé et peut-être quadruplé [1].

Sans doute, il nous est permis d'escompter l'indemnité de guerre si justifiée que l'Allemagne va nous payer et d'espérer que les conditions beau-

1. Ces chiffres viennent d'être précisés des deux côtés et ils se résument en quelques lignes Pour la France, il résulte de l'étude faite par la Commission du budget de la Chambre que la Guerre lui a coûté 180 milliards et qu'il lui manque 50 milliards pour sa liquidation Du côté de l'Allemagne, M Schiffer, secrétaire d'État aux finances, a exposé au Parlement allemand que ses dépenses de guerre s'élevaient à

coup trop douces, quoi qu'elle en dise. que nous
lui imposons pour la réparation relative des dévastations et des ruines que sa sauvagerie a systématiquement accumulées pour rendre notre relèvement
à jamais impossible, atténueront dans une large
mesure l'énormité des dommages que nous a causés
l'énormité du crime.

Mais nous ne pouvons pas nous dissimuler, hélas !
que nous aurons encore, quoi que nous fassions, à
supporter un poids écrasant de charges indirectes
qui continueront à peser sur nos épaules et qui
prendront toutes les formes. Sans parler de celles
qui résulteront du vide affreux laissé dans notre
grand atelier national par les millions de bras qui
vont nous manquer et de l'affaiblissement prolongé
de notre puissance de production, principale source
de notre richesse, il nous restera les secours à
donner sous toutes les formes et pendant longtemps
aux victimes de la guerre auxquels il faudra ajouter
l'augmentation nécessaire du traitement de nos
fonctionnaires, les indemnités de vie chère, etc.
Nous aurons aussi à remettre en état nos routes,
nos canaux, nos chemins de fer ; enfin, nous serons
dans l'obligation d'engager d'innombrables capitaux qui ne seront productifs qu'à longue échéance,
pour reconstituer notre marine marchande, utiliser
nos chutes d'eaux, mettre en pleine valeur nos
colonies

161 milliards (20 milliards de moins que la pauvre France !)
et qu'il ne lui manquait que 14 milliards Que nos Alliés, dans
leur équité, comparent les deux situations, et ils n'hésiteront
pas à nous apporter leur concours pour nous sauver de l'écrasement fiscal

CHAPITRE II

LES IMPÔTS ET LA FORTUNE DE LA FRANCE

Comment supporter les charges de la guerre et l'augmentation des impots || Insuffisance de notre fortune et de nos revenus actuels || Leur relèvement indispensable. || Seul moyen de soulager les contribuables, augmentation de la matière imposable || Bilan de la fortune de la France. || L'Allemagne, l'Angleterre et les Etats-Unis. || Necessité de suivre leur méthode en intensifiant tous nos moyens de production || Tous les Français doivent travailler || Concours de l'Industrie, du Commerce, des Colonies || La marine marchande || L'Industrie touristique

Comment faire face à des charges aussi écrasantes, comment les contribuables pourront-ils supporter sans succomber un pareil fardeau? Dans un pays où les impôts étaient déjà si lourds, comment espérer que l'effort du contribuable, déjà chancelant, sera capable d'accomplir un pareil miracle? il y a des limites à la force contributive d'une nation.

Aussi apparaît-il tout de suite, avec la clarté de l'évidence, que si nous restions figés dans notre situation de l'avant-guerre, nous mourrions à la peine. Il est trop évident que ce n'est pas avec sa fortune et ses revenus actuels que le contribuable français pourrait payer trois fois plus d'impôts et remettre à flot son industrie et son agriculture. Ce qui lui reste de fortune serait bien vite dévoré, et alors viendrait la misère générale avec toutes ses hideuses conséquences.

On est ainsi amené, par la force des choses, à la seule solution qui puisse tirer la France de l'abîme et la ressusciter avec une puissance agrandie. Les impôts n'étant qu'un prélèvement sur les revenus et la fortune du pays ne se font sentir que dans la proportion de la richesse générale Plus une nation est riche, moins elle en sent le poids. D'où cette conclusion consolante et rassurante que le seul moyen de soulager le contribuable français et d'alléger pour lui le poids de ses charges budgétaires, c'est de l'aider à gagner toujours davantage afin d'augmenter sans cesse son capital et ses revenus. Le capital et les revenus de tous les citoyens constituant la matière imposable, il est évident que plus ils se relèveront, plus le poids de l'impôt sera léger.

Le programme de l'avenir tient donc tout entier dans cette idée maîtresse, et il ne s'agit plus que d'y inscrire les moyens les plus rapides et les plus puissants d'augmenter la fortune de la France en augmentant celle de tous les Français.

*
* *

La nôtre est malheureusement d'une insuffisance notoire et humiliante pour notre amour-propre national, tant elle est peu en rapport avec notre capacité de travail et notre génie national. Il faut avoir le courage de l'avouer et de nous dire les vérités que nous méritons ; quand nous aurons fait bien s'icèrement notre examen de conscience, nous sentirons mieux la nécessité de nous amender.

Il n'est pas douteux que, depuis longtemps, nous n'avançons que très lentement dans le domaine économique et financier, pendant que les autres grandes nations marchent à pas de géants. Elles ne cessent pas d'augmenter leur production industrielle et agricole et jettent tous leurs bénéfices dans les grandes entreprises, créatrices de richesses, pendant que nous nous contentons de produire au jour e jour et d'immobiliser nos bénéfices dans des placements ruineux, au lieu de les faire fructifier nous-mêmes. Nous sommes ainsi devenus, comme on l'a dit trop justement, le pays de la Rente, pendant que les autres nations deviennent de plus en plus le pays du Travail.

Les résultats ne se sont pas fait attendre, et l'analyse du capital et des revenus des grands pays qui tiennent la tête du monde, nous apporte une leçon qu'il faut souligner pour ouvrir les yeux de ceux qui ne veulent pas voir.

Le bilan de la fortune de la France a été dressé avec une précision et une rigueur de chiffres indiscutables par l'honorable M. Raoul Péret, rapporteur général du budget; après s'être livré à une analyse très serrée de toutes les sources de notre richesse, M. Péret arrive, comme conclusion, au chiffre de 284 milliards; mais il reconnaît que certains éléments de son calcul sont inférieurs à la réalité, et il estime que le chiffre de 300 milliards est le chiffre vrai.

M. Helferich, ancien directeur de la Deutsche Bank, devenu ministre des Finances d'Allemagne, qui s'est livré de son côté à la même étude, donne le chiffre de 287 milliards, ce qui fait ressortir à notre actif une modeste augmentation de 44 milliards en 16 ans, soit une moyenne de 3 milliards par an.

***

Tournons-nous maintenant du côté de l'Allemagne. Nous ne pouvons mieux faire que de prendre ici encore les chiffres de M. Helferich, qui évalue sa fortune à 410 milliards ; mais, ce qu'il faut surtout noter, c'est que son augmentation depuis 15 ans a été, par année, de 12 milliards au lieu de 6, pendant que la nôtre n'augmentait que de 3 milliards.

Ces chiffres eux-mêmes sont de beaucoup inférieurs à la réalité; car ils ne font pas entrer en ligne de compte le capital formidable que recèle le sous-sol de la terre allemande, si riche en gisements de toute nature; rien que pour le charbon, ses ingénieurs les plus compétents évaluent leur valeur intrinsèque à plus de 200 milliards. Il faudrait y ajouter, si on voulait faire apparaître tous les chapitres de l'énorme fortune allemande, la valeur de ses chemins de fer, que l'État possède et exploite lui-même et aussi la fortune propre de ses grandes villes, qui sont si nombreuses. Car l'Allemagne est, de tous les pays d'Europe, celui qui compte le plus de cités d'une population supérieure à 100 000 habitants. Elle n'en possède pas moins de 50, contre 38 en Angleterre et 15 en France. Or ces cités, toutes très opulentes, ont une fortune personnelle, un domaine propre, que

le ministre des Finances actuel évalue à 50 milliards [1]

***

La comparaison est plus saisissante encore
quand on passe du capital au revenu, et c'est ici
qu'apparaît l'énorme supériorité de l'Allemagne.
Pour celui de la France, qu'il a analysé avec un
soin méticuleux, M. Raoul Péret arrive au chiffre
de 30 milliards. M. Leroy-Beaulieu l'estimait, il y
a 10 ans, à 25 milliards, d'où une augmentation de
5 milliards, soit seulement d'un demi-milliard par
année.

Pendant ce temps, celui de l'Allemagne montait
avec une rapidité vertigineuse ; de 30 milliards
en 1896, il est arrivé à la veille de la guerre (chiffre
de M. Helferich) à 53 milliards, soit une augmentation de 80 pour 100 [2].

Voilà une jolie marge : 53 milliards contre
30 milliards, et on peut maintenant comparer
l'Allemagne et la France au point de vue de leur
richesse relative. La comparaison est du plus haut

1 Mon collègue Lucien Hubert, qui approfondit tous les pro
blèmes qu'il aborde, vient de confirmer et de fortifier les aveux
de M Helferich par la publication d'un document plus précis
encore et qui entre dans le détail de la statistique C'est le
tableau général de la richesse allemande présenté, en 1913,
par la Banque de Dresde, une des plus grandes de l'Alle
magne, qui embrasse tout le développement de l'industrie, de
l'agriculture et du commerce allemand de 1880 à 1911. Il fait
ressortir les inépuisables ressources de l'Allemagne
2 La constatation des pas de géants faits par la production
allemande pendant cette période suffit a expliquer cet extraordinaire accroissement de fortune de 1889 à 1912 son commerce
extérieur s'est élevé de 7 milliards à 24 milliards pendant que
la nôtre ne se montait que de 7 a 15 milliards

intérêt pour les comptes que les deux pays ont à
régler ensemble. Il ne faut pas que notre impitoyable ennemi essaie de jouer avec nous la comé-
die de la misère, car c'est son plus grand financier
qui nous apprend lui-même qu'elle est de tous les
pays du monde, après les États-Unis, celui qui
s'est le plus enrichi depuis 15 ans. Quand on augmente chaque année sa fortune dans de pareilles
proportions, on a de quoi payer la dette du crime
et l'annuité est toute trouvée. En face des centaines
de milliards qu'elle nous a fait perdre, est-ce trop
lui demander d'ajouter à son budget d'avant-guerre
une annuité de 15 ou 20 milliards. Sur un revenu
annuel de 53 milliards, ce ne serait qu'un simple
manque à gagner. Nous pouvons, du reste, lui
indiquer dès à présent une économie qui équi-
vaudra pour elle à une belle augmentation de
revenu, celle de son armée, à laquelle elle ne doit
plus tenir, si elle n'a pas d'arrière-pensée de revanche. Donc, point d'attendrissement déplacé;
nous réclamons seulement la justice, rien que la
justice, et l'Allemagne est en situation de payer
l'amende que nous sommes en droit d'exiger d'elle.

*\
**

Si nous voulions dresser l'inventaire complet
des plus grosses fortunes nationales dans le
monde, il faudrait, à côté de l'Allemagne, placer
l'Angleterre, qui est à son niveau avec un capital
de 416 milliards et un revenu de 53 milliards, et
surtout les États-Unis, dont l'ascension économique et financière est vraiment vertigineuse. Leur
fortune, qui n'était encore évaluée en 1900 qu'à

458 milliards, donnant un revenu de 68 milliards,
s'était déjà, en 1912, accrue de 417 milliards; au
moment de l'entrée de cet immense État dans la
guerre, elle atteignait le chiffre fabuleux de 1000
milliards, dont le revenu annuel est estimé à
150 milliards environ.

Cette revue générale des grandes fortunes mon-
diales était nécessaire pour établir solidement la
conclusion à laquelle nous voulions arriver, à
savoir que nous étions en train, quand la guerre a
éclaté, de descendre de l'opulence à la médiocrité
et de nous appauvrir insensiblement pendant que
tout le monde faisait fortune autour de nous.

La guerre a tellement aggravé cette situation,
quelle que soit l'indemnité qui nous sera payée par
l'Allemagne, qu'il faut bien que nous avisions
d'urgence aux moyens d'y faire face et de supporter le nouveau fardeau qui va s'ajouter au fardeau ancien, sans courir le risque d'en être écrasé.
C'est là, pour la France, une question de vie ou de
mort.

Heureusement, le remède est tout trouvé, et il
ressort de la leçon que nous donnent les autres
grands pays; nous n'avons qu'à faire comme eux,
à travailler avec acharnement et intelligence pour
faire sortir de tous nos instruments de production,
terre, usine, commerce, beaux-arts, colonies, etc.,
le maximum de rendement qu'on peut en tirer; il
faut doubler et tripler l'effort pour doubler et tripler le profit.

La fortune des États comme celle des particuliers,
ne s'augmente que par le travail uni à l'intelligence,
et, par conséquent, ce n'est que par un redouble-

ment de travail intelligent sous toutes les formes
que la masse des Français pourra sortir victorieusement de la grande bataille économique et financière qu'elle est obligée de livrer pour se mettre en
état de supporter les charges qui l'attendent. Il y a
longtemps déjà qu'Adam Smith a proclamé cette
vérité élémentaire en mettant au frontispice de son
immortel ouvrage sur les *Causes de la richesse des
nations*, l'inscription suivante si éloquente dans sa
simplicité : « *C'est le travail manuel qui est la première
source de la richesse des nations.* » Cette formule
lapidaire résume d'un mot tous les devoirs qui
s'imposent à notre patriotisme et contient en germe
toutes les réformes de l'avenir.

Il est donc indispensable que les Français de
demain se résignent non seulement à travailler
davantage, mais à travailler toujours, dans la mesure de leurs forces jusqu'à l'extrême vieillesse :
personne n'a plus le droit sans raison de rester
oisif. C'est hélas ! la rançon de la guerre, et il faut
que les générations qui arrivent à la vie acceptent
gaiement un fardeau que leur aura valu l'immor-
telle résistance de la Patrie. On ne paie jamais
trop cher le droit de vivre, libre et fier.

***
***

Comme nous l'avons déjà dit, le centre du Travail
national réside dans nos deux grandes branches de
production, l'industrie et l'agriculture ; la première
aura certainement un grand, très grand rôle à jouer
dans la reconstitution et l'agrandissement économique de la France et dans le rétablissement de sa

fortune. Il lui faudra à la fois approvisionner notre marché intérieur pour suffire aux besoins de la consommation courante en diminuant le plus possible nos achats au dehors et donner à notre exportation un essor nouveau qui nous permettra de faire rentrer notre or de l'étranger.

Certes, nous pouvons faire confiance à l'esprit d'initiative et à l'habileté professionnelle de nos industriels qui en ont donné des preuves si éclatantes au cours de la guerre et nous sommes convaincus qu'ils étonneront le monde par la puissance de leur résurrection. Mais il ne faut pas nous faire d'illusion ; ce n'est pas du jour au lendemain qu'ils pourront venir au secours de nos budgets par le développement de leur exportation, et la période de transition qu'ils auront à traverser avant d'être remis à flot menace d'être longue.

Les difficultés vont se multiplier sous leurs pas et ce sera beaucoup déjà s'ils peuvent suffire rapidement aux besoins de la consommation intérieure. La plupart de nos usines ont été plus ou moins atteintes dans leur vitalité par la perte et la dispersion de leur personnel technique envoyé aux armées et il faudra un certain temps pour rétablir le plein de leur fabrication, mais, ce qui est beaucoup plus inquiétant, c'est la destruction systématique, dans nos départements envahis, de nos plus grands établissements industriels par un ennemi implacable qui n'a eu d'autre but, en les mettant dans l'impossibilité de se remettre en marche au lendemain de la guerre, que de nous déloger de nos positions sur les principaux marchés du monde et de s'emparer sournoisement de notre clientèle. Combien d'années faudra-t-il pour les rétablir et recommencer une lutte victorieuse sur tous les marchés du monde? Personne ne saurait le dire.

Ajoutons que le chiffre de leurs affaires va se trouver forcément réduit, non seulement en France, mais dans le monde entier, par la diminution considérable de la puissance d'achat de leur clientèle appauvrie partout Ils seront même plus atteints que d'autres parce qu'ils sont surtout exportateurs de produits finis, d'articles de goût et de luxe, dont on peut se passer plus aisément que d'autres.

Il y a, du reste, dans l'avenir des industries en général, des points d'interrogation redoutables et un inconnu insondable. Il est visible que, depuis longtemps déjà, les différents marchés du monde tendent à se niveler, chaque nation inclinant de plus en plus à se suffire à elle-même et à ne demander à l'étranger que ce qu'il lui est impossible de produire ou qu'elle n'a pas intérêt à produire. L'effroyable secousse mondiale de la guerre n'aura fait qu'accentuer cette tendance, en démontrant par l'expérience que la sécurité extérieure des nations est d'autant plus assurée qu'en cas de conflit armé elles possèdent sur leur territoire plus de moyens de se passer des autres. Il est donc probable que les exportations iront se spécialisant et se limitant de plus en plus et que les grandes nations industrielles devront renoncer à la prétention d'inonder le monde de leurs produits. Ne nous en plaignons pas trop, car c'est la France qui en souffrira le moins, grâce à l'originalité de son génie et à la qualité exceptionnelle de ses principaux genres de production où elle est inimitable.

Pour toutes ces raisons il est prudent de ne pas trop escompter l'essor industriel qui suivra la guerre

pour demander de suite à nos industries une contribution financière au-dessus de leurs forces dans
la répartition des charges qui vont peser sur le
pays.

Nous serions cependant plus optimistes pour
une grande industrie, une industrie bien française,
qui est loin d'avoir atteint son plein développement, et que la guerre nous aura permis de mettre
à un des premiers rangs. C'est l'industrie touris-
tique et hôtelière qui est bien voisine de l'agriculture, puisque c'est le beau ciel de France et
nos admirables sites qui en font les principaux
frais. Au lendemain de la guerre elle est destinée à
prendre un immense essor, si nous savons faciliter
et exploiter le grand mouvement de migration uni-
verselle qui va nous amener de tous les points du
monde des millions de pèlerins qui voudront visiter
la terre des héros.

Mais pour retenir cette clientèle d'élite nous
aurons de grands efforts à faire. Il est temps que
notre industrie hôtelière se réveille et prenne modèle
sur l'étranger pour le confort, l'élégance et les
attractions de toute nature.

Nous en dirons autant de nos belles stations
thermales, si négligées, si peu encouragées et qui
végètent pauvrement, tant leur essor est trop souvent comprimé par le contrôle étroit et tracassier
de l'Administration. Qu'on supprime cette tutelle
déprimante, qu'on se hâte de leur rendre leur libre
initiative et elles auront bien vite reconquis le
terrain que l'étranger avait gagné sur nous De
toutes les formes d'exportation il n'en est pas de
supérieure à celles-là, puisque ce sont les étrangers
eux-mêmes qui nous rapportent l'or de France.

*

Notre Commerce, de son côté, va se trouver dans une situation analogue à celle de l'Industrie dont il n'est qu'une résultante puisqu'il n'est qu'un répartiteur de produits. Il subira forcément le contre-coup de la crise que celle-ci va traverser et surtout celui de la vie chère qui réduira sensiblement la consommation ; il est inévitable que, dans ces conditions, le chiffre de ses affaires d'avant la guerre baisse sensiblement sur le marché intérieur et il faut prévoir une période de transition très dure, pour le petit commerce surtout.

Reste le grand commerce d'exportation qui, lui, pourrait faire de vastes affaires et en tirer des profits exceptionnels. Mais son expansion au dehors ne peut se faire que dans la mesure où notre exportation elle-même se développera, et comme nous venons de le dire, elle va se trouver retardée et diminuée.

Nous sommes loin pour cela de désespérer de son avenir, car aucun pays n'a des avantages comparables au nôtre ; son admirable situation géographique, qui fait de lui un des centres du monde, lui permet d'opérer dans toutes les directions et de jouer le rôle de commis voyageur universel. Nos commerçants sont certainement, par leur vive intelligence, la clarté de leur esprit, la sympathie attractive qu'ils éveillent partout, les plus favorisés et les plus recherchés.

Ils deviendront, à n'en pas douter, avec le temps, pour la France, de grands producteurs de richesse, à une condition cependant, c'est qu'ils profitent aussi des leçons du passé, qu'ils ne comptent plus

seulement sur leurs qualités personnelles pour
lutter contre leurs concurrents mieux armés et
qu'ils réforment, après une étude approfondie,
leurs méthodes et leur organisation professionnelle

Il est juste de dire à leur excuse que les pouvoirs
publics n'ont jamais porté une attention suffisante
sur cette branche cependant si lucrative de notre
activité extérieure. Nous avons laissé nos malheureux commerçants abandonnés à eux-mêmes, sans
appui, sans soutien, partout où ils essayaient de
s'implanter. Notre diplomatie les a trop souvent
ignoré quand elle ne les a pas découragé, pendant
que leurs concurrents, leurs concurrents allemands
surtout, avaient derrière eux tous leurs agents
diplomatiques transformés en recruteurs de clientèle et à côté d'eux les grandes banques et les plus
puissantes Sociétés industrielles de leur pays. On
se demande comment, dans de pareilles conditions,
nous avons pu encore tenir une place si honorable
sur certains marchés.

* *

A ces causes d'infériorité il faut en ajouter une
autre plus déplorable encore, c'est l'état misérable
de notre marine marchande, l'outil essentiel de
toute organisation d'exportation. Comment pourrait-on exporter avec avantage quand on est à la
merci de l'étranger pour ses transports dans le
monde entier et qu'il faut capituler devant ses exigences.

Il est incompréhensible qu'une grande nation
comme la France paie un tribut de près de

400 millions par an aux marines étrangères pour le transport de ses propres produits. Voilà encore une économie que nous pourrions faire et qu'il faudra faire en hâte au lendemain de la guerre, dût-on pour cela demander à l'État des subventions de plus en plus considérables qui seront le meilleur des placements. Nous venons déjà de faire un grand pas dans cette voie et il ne nous reste qu'à achever ce que nous avons si bien commencé.

A propos de la marine marchande nous voudrions dire un mot en passant d'une question bien oubliée qui s'y rattache indirectement et qui intéresse au plus haut degré l'alimentation publique. Ici encore nous faisons preuve d'une indifférence impardonnable et nous perdons par notre faute le bénéfice d'une situation admirable. Nous paraissons ignorer que la France possède 2700 kilomètres de côtes qui forment des champs de pêche presque inépuisables. Or tout le monde sait que le poisson de mer est l'aliment le plus sain, le plus nourrissant et le moins coûteux. Pour atténuer la crise de la vie chère il n'y a pas de moyen plus indiqué.

Mais, voilà ! la pêche aurait besoin, elle aussi, de direction, d'organisation scientifique et industrielle, et ce ne sont pas nos pauvres pêcheurs qui peuvent assumer une pareille tâche. Il faudrait construire une flotte de pêche modèle, multiplier les écoles de pêche, créer des laboratoires d'expériences, multiplier les cartes hydrographiques Et puis il serait nécessaire de favoriser l'exploitation par la création d'usines de conserves, la constitution de coopératives, etc.

Les conséquences de notre apathie ressortent

d'une simple comparaison de chiffres. En Angleterre la moyenne de la consommation du poisson
par tête ressort à 140 kilos, quand elle ne dépasse
pas en France 20 kilos. Encore un nouveau trésor
à ajouter à tant d'autres, quand il nous plaira de
faire ce qu'il faut pour en tirer parti.

* *
*

Pour être complets et embrasser notre sujet dans
toute son étendue en faisant le recensement de
toutes nos sources de richesse, il nous reste à dire un
mot de nos colonies, nos grandes et belles colonies,
qui devront tenir une place de plus en plus considérable dans l'ensemble de notre production nationale et concourir, dans des proportions de plus en
plus larges, à son développement. Elles sont appe-
lées, au lendemain de la guerre, à rendre à la France
d'incalculables services. Grâce à elles, la grande
France possède aujourd'hui un territoire de 10 millions de kilomètres carrés qui la font presque
l'égale des États-Unis avec plus de 80 millions
d'habitants. Comme eux, elle a l'avantage de la
variété des climats et de la richesse inépuisable du
sol et du sous-sol.

Le rôle si brillant joué dans nos armées par
ces enfants fidèles de la nouvelle France, qui se
sont battus comme les meilleurs des Français, fait
d'eux pour nous de véritables frères auxquels nous
ne saurions plus rien refuser ; mais ici encore presque tout est à créer et le plan de mise en valeur de
nos possessions coloniales est à reconstituer en
entier.

Il faudra d'abord dresser l'inventaire de nos

richesses coloniales et, quand on l'aura fait, se mettre à l'œuvre pour les exploiter. Celles du sol et du sous-sol sont immenses, et, si nous avions su en tirer parti nous aurions pu économiser des milliards. C'est à elles que nous aurions pu demander en très grande partie les 6 milliards de matières premières que nous achetons à l'étranger.

Il y a longtemps par exemple que nous aurions dû implanter la culture du coton dans les riches vallées du Sénégal et du Niger qui peuvent rivaliser avec celles du Nil.

L'introduction du coton dans nos colonies est devenue pour nous une question capitale que nous avons trop négligée jusqu'à ce jour et sur laquelle nous devons aujourd'hui porter tout notre effort; car elle peut exercer une influence décisive sur notre balance commerciale.

La consommation du coton dans le monde va sans cesse en augmentant; les grands pays producteurs qui, pendant longtemps, nous ont approvisionné si largement commencent à se replier sur eux-mêmes et tendent de plus en plus à absorber pour leur compte cette précieuse matière première.

L'Amérique qui en 1903 n'utilisait que 3 millions de balles sur les 13 millions qu'elle produit, en absorbe aujourd'hui près de 8 millions. D'où une raréfaction croissante de la marchandise avec une augmentation du prix dont notre industrie cotonnière subit toutes les conséquences.

Elles ne pèsent pas moins lourdement sur notre situation financière; c'est un tribut de près d'un milliard (950 millions) que nous avons été obligés de payer à l'étranger en 1917, un milliard que nous aurions pu économiser en très grande partie si

nous avions fait dans nos colonies ce que l'Angleterre a su faire en Égypte et au Soudan.

Ce que nous disons du coton, nous pourrions le
dire des richesses forestières presque inépuisables
que recèlent nos colonies et dont nous ne commençons à comprendre toute la valeur que depuis que
les Allemands sont venus les exploiter sous nos
yeux.

C'est aussi à nos colonies que nous pourrions
emprunter en partie le supplément de ressources
alimentaires qui nous feront défaut au lendemain
de la guerre, surtout en céréales et en bétail. Que
nos agriculteurs ne s'effraient pas pour cela; car,
une fois la période de transition traversée, tout se
nivellera. Notre consommation de viande, qui a
augmenté dans des proportions considérables,
absorbera surtout les viandes communes des colonies et laissera les viandes de choix de notre
troupeau national à la consommation plus raffinée
et à l'exportation.

Nous n'insistons pas davantage parce que le
sujet nous entraînerait trop loin. Nous ne nous
dissimulons pas du reste que le plan colonial dans
son ensemble est surtout un plan d'avenir, qui ne
peut pas donner les résultats immédiats que nous
avons surtout en vue pour l'amélioration de notre
situation financière. Il faudra un long temps encore
avant de faire de notre domaine colonial ce que
l'Angleterre a fait du sien, la base la plus solide
de sa fortune; c'est une raison de plus pour que
nous agissions énergiquement et sans perdre une
minute.

CHAPITRE III

LA TERRE ET SA MISE EN VALEUR

Son revenu possible ‖ La variété de ses produits ‖ L'alimentation publique ‖ Les matières premières industrielles ‖ Augmentation de la richesse publique ‖ L'exemple des États-Unis. ‖ Le capital Terre, sa valeur, sa dépreciation. ‖ Le sol et le sous sol ‖ La houille blanche, une révolution ‖ Résultat d'ensemble, liquidation de la dette de guerre. ‖ Mobilisation de la Terre, l'acte Torrens, les banques hypothécaires

Il nous reste heureusement un instrument de travail merveilleux par sa force de résistance, sa puissance presque indéfinie de production et qui a l'inappréciable avantage de pouvoir presque tout de suite améliorer notre situation économique et financière : c'est la Terre, qui peut braver tous les cataclysmes et qui renaît toujours plus vigoureuse et plus jeune. C'est surtout vrai de la terre de France, avec son climat qui se prête aux cultures les plus variées et les plus riches, son sol merveilleux et les rares aptitudes de ses habitants qui ont tous, même sans qu'ils s'en doutent, l'esprit jardinier

A toutes les époques de notre histoire, c'est du sein de la terre que sont sorties les énergies prodigieuses qui nous ont permis de réparer nos désastres et les trésors cachés qui ont rétabli notre fortune. Elle est aujourd'hui plus que jamais la clef de voûte de notre reconstitution nationale.

Elle a le double avantage sur l'industrie et le commerce d'être prête pour le combat, et sa clientèle, bien loin d'être restreinte par la guerre, va au contraire s'étendre démesurément par l'épuisement général de tous les stocks d'alimentation et surtout par l'énorme extension de la consommation générale du monde. L'usage de la viande notamment qui a pénétré partout pendant la guerre dans les couches les plus profondes de l'armée et de la population civile est devenu un besoin auquel il faudra satisfaire à tout prix; car, demain, l'alimentation publique passera avant tout.

Notre agriculture peut donc, quand elle le voudra, entrer en possession d'un marché intérieur qui lui permettra d'augmenter considérablement sa production et par conséquent ses bénéfices et ses revenus ; à une condition cependant, c'est qu'elle sache tirer d'un sol admirable tout ce qu'il peut donner et qu'elle ne laisse pas à l'étranger le soin de nous nourrir.

Il n'est pas admissible qu'un des premiers pays agricoles du monde, un pays privilégié par la nature au point de réunir presque tous les genres de production, continue à payer à l'étranger un tribut de près de deux milliards pour des produits d'alimentation qu'il pourrait faire sortir de terre. C'est d'autant plus injustifiable qu'il possède une surface cultivable de beaucoup supérieure à ses besoins et qui lui permettrait, de l'avis des économistes et des agronomes les plus autorisés, de nourrir une population de 60 à 70 millions d'habitants.

On voit la marge énorme qui nous resterait si nous voulions exploiter à fond toute cette surface et même travailler pour les marchés extérieurs; car, nous jouissons pour l'exportation d'avantages exceptionnels dont nous ne sentons pas assez le prix et dont nous ne savons pas tirer parti.

De même, en effet, que notre industrie peut offrir au monde des produits finis et d'un goût parfait qu'on ne trouve nulle part, notre agriculture de son côté a le monopole de productions d'une valeur incomparable et qu'on recherche partout. Nous n'avons pas à faire l'éloge de nos fruits exquis, de nos primeurs, de nos fleurs incomparables; malheureusement, nous n'avons jamais su organiser méthodiquement et pratiquement l'expédition de nos produits de choix sur les marchés extérieurs, et sur ce point essentiel nous ferons bien de prendre des leçons à l'étranger.

Et puis nous avons nos vins, nos excellents vins de France, auxquels la guerre a fait une réclame exceptionnelle et que les clientèles anglaises et surtout américaines vont se disputer. La vigne peut donc reprendre partout sa marche ascendante.

Enfin, à côté de nos vins, il faut placer nos magnifiques races de bétail, uniques au monde, qui sont recherchées partout et qui constituent avec les céréales notre principale source de richesse. En 1913, notre cheptel était évalué à plus de 10 milliards, produisant un revenu de plus de 3 milliards en viande, lait, beurre, fromages et produits accessoires. Il dépend de nous d'augmenter presque indéfiniment cette branche de production; car nous sommes sûrs de trouver toujours des acheteurs sur

les marchés étrangers pour nos animaux d'élite qui
y font prime, à une condition cependant : c'est que
nous transformions nos méthodes d'élevage et que
nous fassions pour notre bétail ce que nous avons
fait pour la race chevaline. La loi de 1885, qui n'a
permis la monte qu'aux étalons des haras de l'État
ou aux étalons approuvés ou autorisés, a eu ce
résultat de doubler notre exportation en l'élevant
de 10 000 têtes, moyenne de 1892, à 22 000 têtes
en 1912.

Notre exportation de taureaux a augmenté aussi,
mais uniquement dans les régions où l'initiative
individuelle a pratiqué le même régime de sélection
que pour la race chevaline, en instituant des
Sociétés d'élevage et des livres généalogiques. C'est
ainsi qu'a été constituée, sous l'impulsion de l'honorable M. Teisserenc de Bord, ancien ministre de
l'Agriculture, la superbe race limousine dont on se
dispute partout les plus beaux types.

Mais les résultats obtenus sont tout à fait insuffisants pour un pays de pâturages privilégié comme
la France, et nous ne ferons rien de décisif tant que
nous ne doterons pas notre production bovine d'un
régime légal copié sur celui de la race chevaline.
La Chambre est saisie depuis 1916 d'un projet
complet, qui réalise cette assimilation et qui a été
renvoyé à sa Commission d'agriculture.

C'est une réforme d'autant plus urgente que notre
troupeau national a été cruellement entamé par la
guerre ; c'est lui qu'il a fallu en partie sacrifier aux
nécessités de l'alimentation publique et il faudra
des années pour le reconstituer. M. Alfred Massé,
ancien ministre, qui en a suivi les oscillations pas
à pas depuis le début de la guerre, estime, avec sa

haute compétence, qu'il faudra au moins cinq années pour le reconstituer et il ne voit qu'un moyen d'abréger ce délai, c'est que, pendant long-temps encore, nos alliés, l'Angleterre surtout, viennent à notre secours pour nous aider à nous procurer et à transporter des viandes frigori-fiées qui nous permettront d'économiser le bétail vivant.

C'est une raison de plus pour que nous em-ployions cette période de transition à constituer nos races de bétail, région par région, et à les sélectionner à fond. Si nous avons le courage de le faire avec persévérance, nous augmente·ons rapi-dement et dans des proportions considérables notre capital et notre revenu agricoles.

Pour terminer cette revue de nos trésors agri-coles inexplorés, mentionnons encore une branche de production qui devrait être au premier rang dans un pays comme la France, celle des animaux de basse-cour, surtout celle de la volaille. Voilà encore un chapitre qui pourrait nous permettre de faire rentrer une centaine de millions dans les Caisses de la France, si nous voulions bien, comme tant d'autres nations, prendre la peine de nous baisser pour les ramasser.

Un pays qui a l'avantage inappréciable de possé-der huit millions d'agriculteurs devrait avoir des millions de poulaillers, et nous devrions non seule-ment suffire aux besoins de notre consommation, mais encore approvisionner les autres grands pays qui ne peuvent pourvoir à la leur.

Comment se fait-il cependant que, depuis si long-temps, nous laissions de plus en plus se tarir cette source de bénéfices si faciles? Après avoir été exportateurs jusqu'en 1900 nous sommes devenus tributaires de l'étranger auquel nous achetions, à la veille de la guerre 400 millions d'œufs valant de 35 à 40 millions. Dans le même temps, le petit Danemark, grâce à ses Sociétés Coopératives d'exportation, voyait son exportation d'œufs monter à 57 millions. Combien il serait facile à la France de doubler et même de tripler ce chiffre !

Après cette revue forcément incomplète des trésors cachés qui peuvent permettre à la France de reconstituer rapidement et d'accroître sa fortune, personne ne saurait douter de son avenir ; rien ne lui sera plus facile, si elle le veut, que de pourvoir à son alimentation et de se placer pour son exportation au niveau des grands pays qui lui ont montré la voie. Il dépend d'elle de faire aussi des milliards de bénéfices nets.

Je dis à dessein — bénéfice net — parce que l'exportation agricole a cet avantage, disons ce privilège, d'être tout profit pour le pays exportateur. Le produit qui sort de terre ne doit rien à personne et la valeur qu'il représente entre tout entière dans la Caisse du pays producteur, à la différence du produit industriel, qui bien souvent est fabriqué avec des matières premières étrangères qu'il faut d'abord payer et dont il faut déduire la valeur quand on liquide l'opération. Notre vin est bien à nous, à nous seuls, nos céréales et notre bétail aussi, mais nos tissus de coton, de lin, de laine, nos machines, ne sont le plus souvent que des transformations de produits étrangers.

Cette seule considération donne à l'exportation agricole, au point de vue de la balance du Commerce et des résultats financiers de l'opération, une incontestable supériorité sur l'exportation industrielle.

Mais notre exportation industrielle elle-même pourrait, si nous le voulions, bénéficier, elle aussi, du double profit agricole et industriel; il dépendrait de nous d'être à la fois producteurs en France de la matière première et du produit fabriqué. Nous oublions trop que le lin, le chanvre, la jute poussent en France, que la soie y trouve à la fois un sol privilégié pour le mûrier et une population dont l'éducation est supérieure. Et c'est dans de semblables conditions que nous en sommes réduits à acheter à l'étranger 104 millions de lin, près de 80 millions de jute et 350 000 millions de soie! Est-il donc impossible de réveiller nos sériciculteurs et de les ramener à la Terre?

Supposons maintenant ce beau rêve réalisé : toutes les terres de France ont été mises en valeur et elles ont été portées à leur maximum de rendements. On ne s'est pas borné aux terres actuellement cultivées; on a défriché et mis en pleine exploitation les cinq millions d'hectares de landes et pâtis que nous n'avons même pas eu le courage de reboiser.

Quand nous aurons fait tout cela, les résultats ne se feront pas attendre longtemps; ils ont été évalués par les agronomes et les économistes, qui ont creusé profondément le problème et qui estiment tous, avec juste raison, que notre production agricole, qui est de 19 à 20 milliards, pourrait être aisément portée à 30 milliards, ce qui nous per-

mettrait, avec cette seule plus-value, de faire face
en moins de vingt ans à la plus grande partie de
nos charges de guerre.

Que ceux qui seraient tentés de lever les bras au
ciel et de dire : cela est impossible, veuillent bien
franchir l'Atlantique et regarder ce qui a été fait
dans un grand pays, les États-Unis, qui a pour lui
sans doute les espaces immenses, mais qui est bien
loin de posséder un instrument aussi parfait que la
Terre de France. C'est là qu'ils pourront voir de
quoi est capable l'initiative humaine portée à son
maximum de puissance.

Il y a vingt ans à peine, en 1897, le total de la
production agricole des États-Unis ne dépassait pas
21 milliards, il dépasse aujourd'hui 50 milliards.
Une pareille évolution justifie complètement notre
thèse. Nous ne prétendons certes pas assimiler les
deux pays, nous voulons simplement faire ressortir
par comparaison la toute-puissance du progrès
agricole quand il est en marche et les vastes horizons qui s'ouvrent devant nous.

C'est cette vision saisissante qu'il faudrait faire
entrer dans la tête de tous les Français pour les
décider à se porter en masse du côté de l'Agriculture, qui leur offre ainsi le moyen le plus sûr de
refaire leur fortune et celle de la France.

Ils referaient du même coup celle de l'Industrie
qui pourrait, par ce moyen, retrouver bien vite sur
notre marché intérieur l'équivalent de la clientèle
qu'elle est exposée à perdre momentanément à
l'extérieur. Ses meilleurs clients ne sont-ils pas
les agriculteurs? plus ils gagnent d'argent, plus
ils achètent, et leur clientèle a cet avantage d'être
plus solide et plus sûre que celle de l'étranger.

Il faut du reste rendre cette justice à nos industriels, qu'ils ont compris depuis longtemps cette
grande vérité. Ce sont eux qui, les premiers, ont
réclamé la protection douanière pour nos agriculteurs, qui n'était qu'une mesure de justice et de
stricte égalité dans la lutte. C'est sur cette idée
maîtresse qu'a été fondée la grande Association de
l'Industrie et de l'Agriculture françaises qui a
rendu et qui rend encore tous les jours, sous l'énergique impulsion de son président M. Touron, tant
de services au Travail national.

Il faut continuer cette marche en avant et la main
dans la main des deux grandes sœurs, mais cette
fois c'est à l'Agriculture qu'il appartient, par la
force des choses, de servir d'avant-garde et de
prendre la tête du mouvement.

Nous venons d'envisager la terre comme source
de revenus, comme moyen de pourvoir à l'alimentation publique et d'augmenter les bénéfices annuels
de nos agriculteurs par une meilleure exploitation
du sol ; mais, si on voulait se faire une idée exacte
de l'ensemble de l'opération, qui consiste à augmenter le rendement des cultures, et la chiffrer, il faudrait aussi faire entrer en ligne de compte, en
même temps que le revenu, l'augmentation énorme
du capital national qui doit résulter de l'augmentation de valeur de l'instrument de travail lui-même.

Il en est de la terre comme d'un établissement
industriel, qui, par un procédé de fabrication perfectionné, parviendrait à augmenter sa production
et ses bénéfices ; la valeur vénale de l'établissement

serait relevée d'autant et la fortune de l'industriel
aussi.

Or, la terre n'est pas autre chose qu'une immense
usine travaillant jour et nuit avec une foule d'ouvriers visibles et invisibles qui entrent dans les
frais de production, mais qui rapportent infiniment
plus qu'ils ne coûtent, et si elle vaut, comme
l'usine, en proportion de ce qu'elle produit, on
arrive à cette conclusion indiscutable que la
France a en main, si elle sait s'en servir, la ba-
guette magique qui peut lui permettre d'augmenter d'année en année le capital de sa fortune.

Celle-ci est évaluée aujourd'hui pour la propriété
bâtie à 65 milliards, pour la propriété non bâtie à
62 milliards. Il est triste de rappeler que depuis
quarante ans environ, pour des causes nombreuses
que nous aurons à analyser afin d'en conjurer le
retour, la valeur de la propriété non bâtie n'a pas
cessé de baisser. Elle était, en 1879, de 91 milliards
au lieu de 62, chiffre actuel, soit une perte de près
de 30 milliards La conséquence c'est que, dans le
même intervalle, le prix moyen de l'hectare est
tombé de 1830 francs à 1244 francs. Qu'on s'étonne
après cela de la désertion de la terre et de l'en-
gouement des capitaux pour les valeurs mobilières.

Ces chiffres sont affligeants quand on les rapproche de la somme de richesse latente que recèle
la terre de France et qui y reste enfouie. Ils paraissent plus affligeants encore quand on compare
notre fortune immobilière descendante à l'ascension vertigineuse de la plupart des grandes nations
agricoles. Si, après la terrible crise de dévastation
que nous venons de subir, nous ne faisions pas le
serment de secouer notre indolence, nous serions

perdus et nous resterions écrasés sous le poids
des charges de l'avenir

Il dépend heureusement de nous de nous relever
victorieusement, et notre devoir est tout tracé. En
face du bilan de nos pertes il faut dresser l'inventaire de nos ressources et des moyens de rétablir
notre fortune. Ils consistent à exploiter à fond
toutes les branches de production que nous avons
négligées et à tirer parti de tous les avantages
dont la nature nous a gratifiés. Il faut avant tout
que nous portions à son maximum le rendement
de la terre de façon à augmenter à la fois son
revenu et sa valeur en capital. C'est tout le programme de l'avenir et il faut que nous ayons le
courage de le réaliser.

Cet inventaire de la fortune immobilière de la
France ne serait pas complet si nous n'ouvrions
pas une parenthèse pour y introduire quelques éléments qui, sans être du domaine purement agricole, constituent un chapitre extrêmement important de la richesse publique.

Il y a d'abord les couches profondes de notre
sous-sol qui recèlent des gisements de toute nature,
trésors en grande partie inexplorés. Que de découvertes à faire pour le charbon, les minerais, les
engrais, etc., etc.

A côté de ces produits en partie classés il faut
placer aujourd'hui au premier rang un facteur nou-

veau dont nous soupçonnions à peine la valeur, il
y a quelques années, et qui vient, à la lueur de la
guerre, de nous apparaître dans toute sa puissance.
La découverte de nos richesses hydrauliques, de
la houille blanche, comme on l'a très justement
appelée, a été pour la France, — qui en soupçon-
nait à peine la valeur, — une véritable révélation
Les applications qui en ont été faites au cours de
ces dernières années ne peuvent plus laisser de
doute sur les résultats merveilleux qu'on peut en
attendre, et nous n'avons qu'à tendre la main pour
recueillir ce trésor inespéré.

Les chiffres sur lesquels reposent toutes nos
espérances d'avenir assurent à la France une supré-
matie qui peut renverser tous les rôles dans les
grandes batailles économiques de l'avenir Avec
nos 280 kilomètres de rivières navigables et non
navigables représentant plus de 9 millions de chevaux-vapeur, sur lesquels nous n'utilisions avant la
guerre que 800 000 environ, nous laissons bien loin
derrière nous les plus grands pays industriels,
l'Angleterre qui ne dispose que d'un million et
l'Allemagne d'un million et demi de chevaux
vapeur. Quelle marge éblouissante pour nous, si
on songe qu'un cheval-vapeur représente le travail
de 24 hommes !

Le premier service que la houille blanche pourra
nous rendre sera de remplacer en très grande
partie pour nos industries le charbon qui va leur
manquer de plus en plus. Avant la guerre, l'insuffisance de notre production prenait déjà des proportions inquiétantes; bien qu'elle ait doublé en
vingt ans, elle pouvait de moins en moins suffire
aux besoins de notre consommation qui était passée

de 50 millions à 60 millions de tonnes. Nous sommes ainsi devenus de plus en plus dépendants de l'étranger, auquel nous payions en 1912 un tribut de 500 millions ; nos grands fournisseurs étaient l'Angleterre pour 9 millions de tonnes, l'Allemagne pour 6 millions, la Belgique pour 2 millions

Au lendemain de la guerre, après les affreuses dévastations des Barbares qui ont ruiné pour longtemps notre production nationale, et même en escomptant les justes réparations que nous exigeons de l'Allemagne, notre situation serait désastreuse si nous ne faisions pas entrer en ligne nos forces hydrauliques qui nous permettront de diminuer de plus en plus nos importations de charbon Par cette seule porte nous pouvons faire rentrer en France des centaines de millions.

Pour nous rassurer sur ce point et nous donner pleine confiance dans l'avenir, nous pouvons ici encore invoquer l'autorité du directeur de la Deutsche Bank, une des plus fortes têtes de l'Allemagne au point de vue économique, M. Helferich

Il a consigné dans son fameux rapport de 1913 des chiffres fulgurants qui contiennent une véritable prophétie sur l'avenir de la houille blanche. Il estime que les 7 millions de chevaux fournis par les machines à vapeur allemandes représentent le travail de 52 millions d'hommes.

Si nous prenons la déclaration au pied de la lettre, nous sommes en droit d'en tirer cette conclusion qu'avant la guerre nous perdions presque l'équivalent du travail de 52 millions d'hommes, puisque nous n'utilisions que 5 millions au maximum de chevaux hydrauliques sur 9 millions. Sans rien exagérer nous avons le droit d'espérer qu'avec

un pareil trésor bien aménagé nous pourrons combler en hâte les terribles vides que la guerre a
laissés dans notre armée de travailleurs.

Ce n'est pas tout; pendant que nous commen-
cions à utiliser cette source de force inépuisable,
qui nous a rendu d'immenses services pendant
la guerre, la science découvrait et découvre tous
les jours des emplois nouveaux de la houille
blanche, qui tiennent du prodige. Avec l'électro-
métallurgie, l'électro-chimie, se prépare une révolution industrielle et agricole dont il dépend de la
France de recueillir l'immense profit.

Il est triste de constater qu'ici encore c'est l'Allemagne qui a eu tout le profit de ces magnifiques
découvertes; c'est grâce à elles qu'elle a pu donner
à ses industries chimiques un tel développement
qu'elle était devenue sur ce terrain la reine du
monde. Elle ne possède pas moins de dix mille
usines dont quelques-unes sont au capital de plus
de 100 millions. Elle est ainsi arrivée à produire
1 500 000 tonnes d'acide sulfurique et elle prépare
les 9 dixièmes des teintures employées dans le
monde. Les résultats qu'elle a obtenus pour son
agriculture sont dans la même proportion; elle
peut consommer aujourd'hui 485 millions de tonnes
d'engrais pendant que nous atteignons péniblе-
ment 208 millions, ce qui lui permet d'employer
2070 kilos de nitrate par kilomètre carré de terres
cultivables alors que nous ne disposons que de
1030 kilos seulement.

Demain les choses vont changer de face et les
rôles seront renversés si nous savons utiliser les
trésors que nous avons sous la main et les mettre
en valeur. C'est de notre côté que coulera le Pac-

tole et c'est dans les Caisses de la France que tomberont les milliards que nos innombrables cours d'eaux nous procureront.

Avec de pareils trésors ajoutés aux bénéfices résultant de l'extension indéfinie de notre production agricole, comment pourrions-nous avoir l'inquiétude de l'avenir et surtout comment pourrions-nous douter de notre reconstitution financière? Ce sont des flots d'or qui vont couler dans nos budgets et qui ne coûteront rien aux contribuables.

Gardons-nous donc de tomber dans un pessimisme noir, déprimant et décourageant. Il pourrait s'expliquer si les chiffres conservaient la même valeur qu'avant la guerre : 140 milliards de dette en capital pour une fortune nationale de 300 milliards, et 18 milliards de charges budgétaires en face d'un pauvre revenu de 30 milliards. Comment, nous diront les défaitistes de l'avenir, supporter un pareil fardeau sans marcher à la faillite!

Ce serait vrai si, après la guerre et au lendemain de la victoire, notre énergie nationale ne devait pas décupler nos forces, et imprimer à nos industries, à notre agriculture, à notre commerce, à nos arts et à toutes les autres branches de notre activité nationale un essor formidable qui relèvera la fortune de la France nouvelle à la hauteur de ses besoins.

Et alors, ce qu'il faut voir dès aujourd'hui, avec les yeux perçants de l'avenir, c'est 16 ou 18 milliards de budget en face de 40 ou 50 milliards de revenus et moins de 100 milliards de dette en face de 400 et même 500 milliards de capital.

Si on se place au point de vue purement budgétaire on aperçoit tout de suite l'énorme profit que

le Trésor peut tirer de l'augmentation de la valeur
et du revenu de la terre. N'est-ce pas elle qui aujourd'hui déjà l'alimente sous toutes les formes,
par l'impôt foncier, l'impôt sur le revenu agricole,
les droits de vente, de donation, de succession,
d'hypothèques, etc., qui s'accumulent sur le même
immeuble sans qu'il soit possible de rien dissimuler
aux investigations du fisc? Si on réfléchit que l'assiette de ces droits repose sur la valeur de la Terre
en capital et en revenu et si on calcule l'augmentation qui va *ipso facto* résulter de sa plus-value,
on peut se faire une idée de l'importance du concours que l'ag 'culture de l'avenir pourra apporter
à nos budgets en détresse.

Quant à l'agriculteur, il ne sentira pas le poids
de la surcharge ou le sentira à peine lorsqu'il
pourra faire sortir de chaque hectare de terre un
supplément de production qui augmentera ses
recettes et son revenu dans des proportions bien
autrement considérables.

Ce n'est pas tout et d'autres horizons se dessinent encore devant nous dans le lointain; la valeur en capital de la terre pourrait aussi bien servir
d'assiette au crédit personnel de nos agriculteurs
qu'à celui de l'État. Ils ont déjà, il est vrai, le crédit
hypothécaire, mais il est pour eux d'une médiocre
ressource à cause des formalités et des frais qu'il
entraîne et aussi à raison de la difficulté de trouver
des prêteurs.

Il y aurait bien un moyen de tourner la difficulté,

ce serait de constituer des Sociétés immobilières qui pourraient mettre en action les terres d'un certain nombre de propriétaires, comme on peut le faire pour les usines. Chaque propriétaire qui aurait besoin d'argent pourrait ainsi vendre ses actions ou même simplement les donner en gage pour emprunter; c'est une combinaison séduisante en apparence, mais outre qu'elle serait d'une réalisation difficile, elle pourrait être de nature à compromettre la bonne exploitation du sol.

Mais pourquoi ne pas permettre à un seul propriétaire de faire ce que pourraient faire plusieurs propriétaires réunis? L'idée n'est pas nouvelle et ce n'est pas une utopie, puisqu'elle a reçu son application, sa consécration depuis longtemps déjà dans un pays en formation, l'Australie, à l'époque où les capitaux mobiliers faisaient défaut.

Le système qui s'y pratique et qui y a été introduit par le célèbre acte Torrens a fait aujourd'hui ses preuves et l'expérience l'a justifié. Là, le propriétaire d'un immeuble, après avoir fait établir par expertise la valeur de celui-ci, peut obtenir d'une Administration spéciale qui correspond de loin à nos conservations d'hypothèques, un titre qui représente la valeur de l'immeuble; c'est une sorte de warrant dont il a le droit de disposer comme d'une action ou d'une obligation. Il est en quelque sorte son propre actionnaire tant qu'il n'en dispose pas, et la Terre devient ainsi un capital circulant qui augmente d'autant la circulation fiduciaire. Il ne faut plus que l'hypothèque ne soit que la ressource désespérée d'un propriétaire besogneux, un moyen de payer ses dettes, il faut au contraire qu'elle ait pour but l'augmentation du

capital d'exploitation et de la production elle-même.
Dans le premier cas, le prêt ne représente que 3
ou 4 pour 100, et dans le second 8 à 10 pour 100.

Sans doute ces nouveautés feront dresser les
cheveux sur la tête des admirateurs félichistes de
notre Code civil et je ne suis pas bien sûr que le
système passe aisément dans nos habitudes; mais
il vaut la peine d'être étudié pour l'adapter au
nouvel état de choses que la guerre nous a légué
et qui nous oblige à essayer de tous les moyens
qui ont réussi ailleurs.

Quand on aura fait un pas dans cette voie on
ira peut-être plus loin encore, et il est possible
qu'on pousse jusqu'à la mobilisation générale de la
Terre elle-même pour en faire le gage des emprunts
de l'avenir. L'idée fait son chemin en ce moment
et personne ne peut dire où elle s'arrêtera. Nous
n'essaierons pas de la creuser parce qu'elle nous
entraînerait trop loin, mais elle ouvre sur l'avenir
des horizons qui nous présagent des surprises
agréables. Pourquoi en effet la Terre ne devien-
drait-elle pas la base d'un crédit public d'un nouveau genre? L'encaisse de la Banque de France
donne à notre billet de banque une solidité qui en
fait la plus solide des monnaies, mais la Terre de
France vaut encore mieux que l'or parce qu'elle est
indestructible [1].

Des esprits à la fois très ouverts et très pratiques,
comme M. Messier, font campagne pour éclairer la

---

1 Il n'est pas douteux que la valeur de la propriété immo
bilière estimée hier 122 milliards ne cessera pas de monter
et pourra atteindre 200 milliards pendant que celle de la pro
priété mobilière évaluée à 157 milliards subira une dépréciation
inévitable

toute et travailler à l'éducation du grand public
dont l'adhésion est indispensable pour le succès
d'une aussi vaste opération. On cherche partout à
rétablir l'équilibre entre les avantages de la pro-
priete mobilière et les désavantages de la propriété
immobilière et on ne saurait trop encourager une
évolution financière qui peut avoir une influence
considérable sur l'avenir de notre agriculture.

CHAPITRE IV

INTENSIFICATION DE LA PRODUCTION AGRICOLE

Nos possibilités d'intensification. ‖ Rendements a l'hectare. ‖ Pays étrangers. ‖ Notre infériorité et ses causes. ‖ L'objection des surfaces. ‖ Évolution nécessaire. ‖ Pas d'enseignement doctrinal ‖ Champs de démonstration ‖ Organisation a créer ‖ Ce qui a été fait aux Etats-Unis ‖ Établissements de recherches scientifiques. ‖ Leur organisation en France et a l'étranger ‖ Insuffisance de la dotation de nos laboratoires de recherches.

Ce long exposé était indispensable pour justifier la conclusion à laquelle nous sommes arrivés, à savoir, que, dans la situation faite à la France par l'effroyable guerre, l'Agriculture est devenue notre vraie planche de salut et le moyen le plus efficace de prévenir l'effondrement économique et financier auquel nous n'échapperions pas, si nous faisions fausse route.

Elle constitue aujourd'hui, par la force des choses, la base de notre reconstitution nationale; c'est elle qui d'abord doit suppléer, dans les premières années qui suivront la guerre, à l'insuffisance fatale de nos ressources alimentaires et de nos autres moyens de production; l'Industrie elle-même aura besoin d'elle pour se refaire et se relever. C'est elle encore qui doit venir au secours de nos budgets en détresse, en leur apportant comme appoint les contributions qui nous permettront de faire face à nos charges de guerre et de reconstituer notre capital national.

Mais elle ne pourra le faire qu'à la condition de tirer du sol des récoltes toujours plus abondantes et plus riches, et en élevant sans cesse le rendement moyen à l'hectare de ses principales branches de production. C'est ainsi que le programme agricole de l'avenir tient tout entier dans cette simple formule : la recherche et l'application des moyens nécessaires pour intensifier indéfiniment la production de la terre de France.

C'est ce programme d'action qu'il nous reste maintenant à dresser et à analyser dans ses grandes lignes.

Une première question se pose à laquelle il faut d'abord répondre : cette augmentation considérable de notre production est-elle possible scientifiquement et pratiquement, et dans quelle mesure ? Nous ne chercherons pas la réponse dans une discussion doctrinale qui nous obligerait à faire un cours complet d'agronomie parfaitement inutile, car elle est faite depuis longtemps de façon décisive. L'expérience a aujourd'hui parlé et les résultats qu'elle a donnés sont tellement indiscutables qu'ils s'imposent aux plus incrédules.

L'augmentation indéfinie de la production agricole, son intensification, est, depuis de longues années, l'objectif presque unique des nations agricoles les plus prospères et les plus riches, les États-Unis, l'Angleterre, la Belgique, le Danemark, enfin l'Allemagne, et dans tous ces pays, les rendements à l'hectare pour les principaux produits sont de beaucoup supérieurs aux nôtres. L'Allemagne, un instant attardée, a, dans les der-

nières années, regagné le temps peidu et fait des
pas de géant ; elle est ainsi parvenue à obtenir des
rendements de beaucoup supérieurs aux nôtres sur
une terre qui, dans l'ensemble, est bien loin de
valoir notre terre de France.

Donnons quelques chiffres décisifs : dans la période 1909-1913, les rendements moyens à l'hectare
ont été les suivants :

Pour le blé : en France 13 quintaux, en Angleterre 21 quintaux, en Allemagne 21 quintaux, en
Belgique 24 quintaux, en Hollande 24 quintaux, en
Danemark 27 quintaux. — Pour l'avoine : en
France 13 quintaux, en Angleterre 17 quintaux, en
Allemagne 19 quintaux, en Hollande 20 quintaux,
en Belgique 28 quintaux. Les proportions sont les
mêmes pour l'orge. Pour les pommes de terre,
l'écart est encore plus saisissant : en France 85
quintaux, en Angleterre 146, en Allemagne 157,
en Hollande 143.

Le *Genie rural* qui a dressé la statistique du
monde entier donne des chiffres qui nous placent
à un rang encore plus bas ; mais, nous les considérons comme très discutables, une comparaison
de ce genre reposant sur des données souvent discutables et trop difficiles à contrôler.

* *

On oppose à ces constatations, pour enlever à la
comparaison sa force démonstrative, une objection
dont nous ne songeons pas à contester la valeur.
On fait observer que, si la moyenne de la production à l'hectare pour la France est inférieure à
celle de la plupart des grands pays agricoles et la

place pour le blé, par exemple, au 15ᵉ rang, c'est parce qu'en France la superficie cultivée en blé est proportionnellement énorme quand on la rapproche de celle des autres pays. Peut-on comparer sérieusement, nous dit-on, les 6 millions et demi d'hectares de blé cultivés en France aux 697 000 hectares de l'Angleterre, aux 157 000 de la Belgique, aux 56 000 des Pays-Bas, aux 11 000 du Danemark et 1 848 000 de l'Allemagne. N'est-il pas évident que plus la surface cultivée est étendue pour un produit quelconque, plus elle contient de terres médiocres incapables de donner d'énormes rendements.

Et pour fortifier le raisonnement, on ajoute : la preuve qu'en France nous sommes aussi capables que les nations les plus avancées d'atteindre les hauts rendements nous est fournie par les dix départements situés au nord de Paris et qui cultivent plus d'un million d'hectares. Dans cette région le rendement moyen par hectare atteint 19 quintaux.

L'observation est juste en soi et nous convenons volontiers qu'il n'est pas possible d'établir une comparaison rigoureuse entre les différents pays agricoles sans faire entrer en ligne un grand nombre de facteurs. Nous sommes les premiers à reconnaître et à admirer l'effort énorme fait par nos agriculteurs du Nord, au lendemain de l'établissement de notre régime douanier, pour ressusciter la production du blé et obtenir de leurs terres les rendements les plus élevés. Mais, ce qu'il faut dire aussi, c'est que s'ils ont obtenu de si beaux résultats, ce n est pas seulement parce qu'ils opéraient sur des terres de bonne qualité, c'est aussi parce qu'ils étaient des hommes de progrès et qu'ils ont appliqué à ces terres les procédés de culture les plus perfectionnés. Tout le monde sait que notre agriculture du Nord est un modèle et c'est à elle qu'il faudra demain demander des leçons.

Voilà pourquoi nous persistons à penser que si nous avions appliqué partout où cela était possible les mêmes procédés qu'elle, nous aurions obtenu des rendements moyens infiniment supérieurs à ceux qui, par leur faiblesse, ont abaissé dans des proportions affligeantes la moyenne de nos rendements généraux. On ne fera croire à personne que les 58 départements qui en 1913 ont obtenu moins de 13 quintaux à l'hectare seraient incapables de relever le niveau de leurs rendements s'ils voulaient bien appliquer à leurs cultures les mêmes méthodes que le Nord qui a obtenu 24 quintaux, le Pas-de-Calais qui en a obtenu 20, l'Oise 19, l'Aisne 18, la Seine-et-Marne 18, la Somme 17. Il ne manque pas de bonnes terres ailleurs que dans le nord de la France et si nous savions bien les utiliser, le rendement de nos cultures se relèverait à vue d'œil. Certes il n'entre pas dans notre pensée de demander à la masse de nos producteurs de blé de porter tous leur moyenne de rendement de 13 à 21 quintaux, mais, comme nous l'avons dit, il suffirait d'un relèvement moyen de quelques quintaux seulement par hectare pour augmenter notre revenu agricole dans des proportions invraisemblables. On a calculé que si nous pouvions seulement augmenter nos rendements moyens en blé de 3 quintaux à l'hectare, ce qui n'a rien d'impossible, nous réaliserions un supplément de recettes de 20 millions de quintaux qui, même aux cours inférieurs de l'avant-guerre, représenteraient une recette supplémentaire de près d'un demi-milliard. Comme il serait facile, si nous faisions le même effort pour nos autres branches de production, d'assurer par le développement normal de la richesse publique, l'équilibre de nos budgets de l'avenir et de préparer le règlement de notre dette de guerre sans nous imposer trop de privations.

Notre observation s'applique avec bien plus de force encore aux branches de cultures autres que le blé; car ici encore nos concurrents étrangers ont obtenu des rendements supérieurs aux nôtres sur des surfaces plus restreintes, ce qui enlève à l'argument tiré des surfaces la plus grande partie de sa valeur.

Pour l'orge, par exemple, que nous cultivons sur une étendue de 760 000 hectares, nous n'obtenons qu'un rendement moyen de 18 quintaux à l'hectare, quand l'Allemagne en obtient 22 sur 1 654 000 hectares. Pour l'avoine, nous ne produisons que 13 quintaux à l'hectare sur 3 979 000 hectares, quand l'Angleterre produit 21 quintaux sur 4 438 000 hectares. Pour les pommes de terre les chiffres sont encore plus saisissants. Nous ne produisons que 85 quintaux à l'hectare sur 1 517 000 hectares, quand l'Allemagne arrive à 158 quintaux sur 3 millions 412 hectares.

On a fait un calcul comparé purement hypothétique, mais qui peut donner une idée des résultats dont nous pourrions tout au moins approcher, si nous nous décidions à appliquer les mêmes méthodes que nos principaux concurrents. Si nous prenons, par exemple, comme point de comparaison l'Allemagne dont le sol est plutôt inférieur au nôtre et si nous appliquons à nos différentes branches de

culture les rendements qu'elle a obtenus en 1913
pour les siennes, on arrive à cette conclusion que
les nôtres auraient pu s'élever pour le blé à 138 millions de quintaux au lieu de 84, pour le seigle à
21 millions de quintaux au lieu de 12, pour l'orge à
15 millions de quintaux au lieu de 10, pour l'avoine
à 77 millions de quintaux au lieu de 51, pour les
pommes de terre à 210 millions de quintaux au lieu
de 58. On peut faire subir à ces chiffres toutes les
réductions qu'on voudra, mais on ne fera croire à
personne qu'il nous est impossible d'en approcher,
et pour peu que nous en approchions, ce sont des
milliards qui sortiront de notre sol comme par
enchantement

*
* *

Faut-il pour cela accuser l'esprit rétrograde de
nos agriculteurs et les rendre responsables de ce
recul ? Nous ferions beaucoup mieux de nous
accuser nous-mêmes de n'avoir rien fait ou presque
rien pour leur éducation pratique. Ce ne sont pas
les 5000 élèves qui passent par nos écoles d'agriculture qui peuvent transformer la mentalité de
8 millions d'agriculteurs, encore moins celle du
million d'enfants d'agriculteurs de moins de 18 ans
qu'il faudrait instruire. Nous les avons laissés dans
l'ignorance des immenses progrès réalisés à l'étranger et nous n'avons pas su leur en faire voir les
résultats Ils ont soif de progrès autant que d'autres, mais ils ont cru que le progrès consistait à
dépenser le moins possible sur la terre et à économiser sur tout.
Ce n'est pas avec des phrases ni même avec des

démonstrations purement théoriques qu'on peut les
entraîner, car ils n'aiment pas les expériences
hasardées. Quand on leur parle des magnifiques
rendements obtenus par tel ou tel de leurs voisins,
ils répondent d'ordinaire avec un hochement de
tête : « On voit bien ce que celui-là récolte, mais il
ne dit pas ce que ça lui coûte ».

La vérité, c'est que l'enseignement purement
doctrinal n'a aucune prise sur la masse agricole;
ce qu'il lui faut pour la rallier et la décider à l'action, ce sont des leçons de choses données sur
place et mises à la portée de toutes les intelligences. C'est là ce qui fait la supériorité sur tous
les autres modes d'enseignement de cette merveilleuse leçon de choses qui s'appelle les champs
de démonstration.

Il n'y a pas d'incrédulité qui puisse résister à
l'évidence. Quand l'agriculteur le plus arriéré a
devant lui le champ ensemencé par les méthodes
nouvelles, avec les meilleurs engrais, des semences
de choix, et une préparation du sol parfaite, à côté
du pauvre champ d'autrefois, épuisé parce que
mal travaillé, et qu'on met sous ses yeux la différence des résultats, surtout la différence des bénéfices, sa décision est bien vite prise et le retarda-
taire de la veille devient un des plus ardents propa-
gandistes du lendemain.

C'est la méthode qui a été appliquée pour les
machines au cours de la guerre et elle a donné des
résultats immédiats. Sur ce terrain, l'éducation de
nos agriculteurs s'est faite avec la rapidité de
l'éclair. Il a suffi d'instituer des concours publics
auxquels ont été conviés les agriculteurs de chaque
région, pour leur permettre d'apprécier la valeur

des machines, et les conversions se sont faites d'elles-mêmes. La France agricole a été tout de suite traversée par un courant d'émulation qui s'étend de plus en plus.

Il est profondément regrettable que ce mode d'enseignement un instant en faveur chez nous et qui avait donné des résultats si satisfaisants, ait été négligé et presque abandonné au moment même où nous en avions le plus besoin. Aussi le premier grand effort à tenter au lendemain de la guerre pour relever notre production agricole doit-il consister à instituer dans toutes nos communes des champs de démonstration appropriés à la culture du pays. L'idéal serait la ferme de démonstration, la ferme modèle, partout où on pourrait la trouver.

Le choix de ces champs de démonstration et leur exploitation étant de la plus haute importance, il est nécessaire de faire appel à des compétences reconnues pour leur organisation et pour les démonstrations à en tirer. Aussi sommes-nous d'avis qu'à côté des municipalités, des instituteurs et même des fonctionnaires de l'agriculture qui devront faciliter la création de ces champs de démonstration et centraliser les résultats obtenus, le rôle principal pour cette création, pour la direction des opérations et surtout les démonstrations, doit être réservé à nos sociétés d'agriculture, grandes et petites, qui ont des membres presque partout. Ceux-ci seront mieux compris par la masse rurale et auront plus d'autorité sur elle.

C'est ainsi d'ailleurs que les Américains ont compris les champs de démonstration qui, chez eux, sont la pierre d'assise de l'enseignement agricole. Ils ont institué, à côté de leurs stations agronomiques expérimentales qui sont à la fois un centre de recherches scientifiques et un instrument de réalisation pratique, des Comités, — on en compte plus de 400, — qui parcourent la campagne, le plus souvent en automobiles, s'arrêtant aux champs d'expériences où ils convoquent les agriculteurs des environs, pour leur donner des conseils pratiques qui résultent de la comparaison du champ modèle avec le champ banal, visitant ensuite les fermes et se mettant même quelquefois à la besogne.

Ces Comités répandent d'innombrables brochures. Au cours de l'année 1912-1914, les 62 stations n'ont pas envoyé moins de 1300 publications qui ont été expédiées à plus d'un million d'adresses différentes.

*
* *

Les Américains ne se sont pas bornés à la propagation pratique des meilleures méthodes de culture; ils ont admirablement compris que l'intensification incessante de la production ne dépendait pas seulement de leur application persévérante, mais aussi des progrès de la science elle-même et de l'application continue de méthodes nouvelles et de procédés nouveaux.

Ils n'ignorent pas que la science agronomique est en perpétuel enfantement et que le progrès d'aujourd'hui peut être détrôné par les progrès de demain. Une nation agricole qui s'immobiliserait dans le *statu quo* de la pratique courante, même la plus parfaite, serait vite distancée par celles qui ne se lassent pas d'étudier et de fouiller tous les mystères de la nature, pour en dégager des lois nouvelles. N'oublions pas que c'est la France qui a eu l'honneur d'ouvrir la route aux grandes découvertes dont ses concurrents ont bien souvent tiré plus de parti qu'elle-même. Il est temps que nous achevions l'œuvre des Pasteur, des Boussingault, des Berthelot, des Schlœsing, des Scribaux, des Dehérain, des Risler, des Muntz et que nous reprenions notre marche en avant.

Ce ne sont pas les hommes qui nous manquent et je ne veux pas citer, pour ménager leur modestie, la pléiade de savants d'élite qui font tant d'honneur en ce moment à la science agronomique et qui sont tout prêts, au lendemain de la guerre, à chercher dans des voies nouvelles, l'expansion de notre production agricole.

Mais, si nous avons les savants, j'ai le regret de dire que depuis trop longtemps nous ne faisons rien ou presque rien pour encourager et faciliter leurs recherches, pour les agrandir et encore moins pour vulgariser leurs travaux; nos établissements scientifiques de recherches agricoles n'ont ni les ressources financières, ni le personnel, ni les instruments indispensables pour leurs travaux, et on reste humilié quand on compare le peu que nous faisons en France à la puissante organisation des principales nations agricoles.

Ce parallèle attristant a été fait récemment à l'Académie des Sciences, par le vénéré M. Tisserand, l'apôtre de la science agronomique et il a été complété avec une abondance de preuves accablantes par le si distingué et si actif Directeur de notre Institut national agronomique, M. Georges Wéry, dans une Conférence faite à la Société

Nationale d'encouragement à l'Industrie, et présidée par un autre infatigable pionnier du progrès dans toutes les branches de l'activité nationale, M. Lindet.

M Wéry a tracé le tableau le plus complet qui ait été fait jusqu'à ce jour des progrès réalisés dans le monde entier pour l'organisation et le fonctionnement des établissements de recherches scientifiques en matière agricole. Il nous suffira, pour ouvrir les yeux de ceux qui ne veulent pas voir, de mettre en regard les budgets de ces établissements en France et à l'étranger.

Pour tous nos établissements officiels et privés, nous ne consacrons pas plus de 1 500 000 francs par an aux recherches agronomiques proprement dites, pendant que l'Angleterre, restée longtemps en arrière, leur alloue plus de 3 millions, l'Allemagne 9 millions, le Canada 10 millions et les États-Unis plus de 30 millions.

Le Laboratoire central du Service de la répression des fraudes reçoit seul 150 000 francs bien employés, et qui ne sont pas consacrés exclusivement aux Recherches scientifiques ; vient ensuite le grand Laboratoire de la Société des Agriculteurs de France, avec un budget de près de 70 000 francs ; mais c'est une institution privée. La masse des laboratoires officiels, au nombre de 77, ne jouit que de maigres dotations allant de 1200 francs à 20 000 francs, 4 stations seulement ont des budgets allant de 30 000 à 40 000 francs ; 34 établissements, c'est-à-dire plus de la moitié n'ont que 15 000 francs à dépenser par an.

Cette insuffisance de ressources prive la plupart de nos établissements du personnel indispensable

pour faire des recherches suivies et sérieuses.
Ils n'ont d'ordinaire, à côté du Directeur, que
deux préparateurs et un garçon, quand les laboratoires allemands ont cinq ou six préparateurs ; les
stations américaines, elles, ont pour leurs 62 stations un personnel de 1800 titulaires. En Angleterre, le seul laboratoire de Rothemstad a un
revenu de 154000 francs.

En Allemagne, où on relève 71 grandes stations
et laboratoires, les budgets sont d'une éloquence
qui dit tout : 2794000 pour le laboratoire des
Industries de fermentation à Berlin, pour 6 autres
laboratoires, des dotations allant de 145000 à
360000 francs ; viennent ensuite 7 laboratoires
dotés de plus de 100000 francs ; 21 de 38000 francs
à 55000 francs. En résumé, sur 71 établissements,
il n'en existe que 14 qui aient moins de 20000 francs
à dépenser. En Amérique, le budget moyen des
62 grandes stations de recherches s'élevait en 1914
à 555000 francs.

On le voit, les Américains sont avant tout des
réalisateurs ; ils ont compris avant nous que la
production du sol était la première de toutes les
richesses et que, plus un État dépensait pour la
développer, plus il faisait fortune. Ils ne se sont pas
trompés dans leurs calculs, puisqu'ils ont doublé
leur revenu en moins de vingt années. Nous
n'avons qu'à suivre le même chemin et nous obtien-
drons les mêmes résultats.

CHAPITRE V

MOYENS PRATIQUES D'INTENSIFICATION
PROGRAMME D'ACTION

Matières premières et instruments de culture. ‖ Rôle
capital des engrais, indices de culture perfectionnée
‖ Moyens de se les procurer a bon marché et de bonne
qualité ‖ Impuissance de l'agriculteur isolé ‖ Les
Syndicats agricoles. ‖ Le fonds de roulement nécessaire a l'agriculteur, avances d'argent. ‖ Crédit
mutuel d'Etat. ‖ Caisses locales et régionales
‖ Banques libres de crédit ‖ Emploi des bénéfices
agricoles ‖ Leur application au développement de la
production. ‖ Danger pour l'agriculture des place
ments financiers ‖ Dépréciation de la valeur de
Terre

Supposons maintenant l'instruction professionnelle de l'agriculteur français complète et terminée.
Il sait ce qu'il a à faire pour perfectionner ses mé-
hodes de culture et porter sa production à son
maximum de rendement; il ne lui reste plus qu'à
se procurer les moyens matériels indispensables
pour faire de la culture intensive, largement rému-
nératrice.

Nous arrivons ainsi à la question des voies et
moyens pratiques de production, qui sont l'application du programme agricole lui-même. Les
premiers indiqués sont relatifs au choix, à l'acquisition et à l'emploi des matières premières et des

instruments de travail. C'est avec cet arsenal que notre agriculteur doit remporter la victoire et obtenir de la terre tout ce qu'il est possible de lui demander.

Que lui faut-il pour cela et que lui manque-t-il ? Ici encore nous pouvons nous dispenser d'une discussion doctrinale, qui nous obligerait à passer en revue tous les éléments qui entrent dans les méthodes de culture les plus perfectionnées. Nous n'avons encore qu'à demander à l'étranger le secret de l'énigme ; c'est lui qui nous donnera l'explication d'une des premières causes de l'insuffisance de nos rendements.

Nous la trouvons dans les Annales de l'Institut International agricole de Rome, qui enregistre comme un grand baromètre économique non seulement toutes les oscillations de la production agricole dans le monde, mais aussi celles des moyens de production.

Elles contiennent deux grands chapitres qui disent tout ce que nous avons intérêt à savoir et qui sont en concordance parfaite. Ces deux chapitres sont : celui de la production agricole de chaque pays pour chaque branche de production, et celui de leur consommation en engrais de toute nature. Le rapprochement de ces chapitres nous apporte la preuve que les pays qui obtiennent les rendements les plus élevés à l'hectare sont ceux qui emploient le plus d'engrais.

L'Annuaire de 1916, qui contient les résultats des années 1913-1914 et 1915, nous fournit sur ce point des précisions sans réplique. Sans entrer dans le détail des chiffres, il nous suffira de constater qu'ils établissent la prépondérance écrasante de l'Allemagne pour la fabrication et l'emploi des engrais de toute nature, même sans y comprendre les engrais potassiques dont elle a presque le monopole.

En 1910, elle consommait déjà 3 500 000 quintaux de sulfate d'ammoniaque, quand nous ne consommions que 830 000 quintaux; sa consommation en nitrate de soude était de 17 millions de quintaux et la nôtre de 7 millions seulement. En 1913, elle a importé plus de 18 millions de quintaux d'engrais divers, pendant que nos importations similaires ne dépassaient pas 14 millions de quintaux. La Belgique, la Hollande, l'Angleterre, les Pays Scandinaves suivaient l'exemple de l'Allemagne et étaient récompensés comme elle par l'élévation progressive des rendements de toutes leurs branches de culture.

Certes, nous n'entendons pas soutenir pour cela que les engrais sont tout et qu'il suffit de les jeter en terre pour obtenir le maximum de rendements: mais il faut lire dans les statistiques ce qu'elles disent implicitement, c'est que les engrais sont partout la caractéristique du progrès en agriculture et que leur emploi renforcé suppose toujours l'application des méthodes de culture les plus perfectionnées; qu'il s'agisse de la préparation du sol, des semences, des machines, du bétail, on peut affirmer, sans crainte de se tromper, que c'est l'agriculteur qui consomme le plus d'engrais, qui soigne en même temps avec le plus de passion sa terre et qui en obtient le maximum de rendements. C'est donc un des éléments essentiels de production qu'il est du devoir de l'État de mettre à la disposition de nos agriculteurs dans les meilleures conditions possibles, s'il veut obtenir d'eux qu'ils fassent l'effort suprême que le pays en attend.

Disons-leur tout de suite, pour leur donner du cœur, que sur ce terrain-là tous les concours leur sont assurés d'avance et qu'ils n'auront rien à désirer. Le Gouvernement, les Pouvoirs publics, les Associations agricoles rivaliseront de bonne volonté et d'effort pour les aider à choisir et à acquérir toutes les matières premières, tous les instruments de travail, tous les approvision- nements dont ils pourront avoir besoin. Au len- demain de la guerre, on ne saura rien leur refuser.

Ajoutons enfin pour les rassurer complètement qu'il dépend de nous au lendemain de la guerre d'augmenter dans des proportions considérables notre propre production d'engrais qui pour certains est presque illimitée : n'avons-nous pas les phos- phates, les scories de déphosphoration et surtout les merveilleux gisements de potasse de l'Alsace que nous venons de reconquérir et qu'on évalue à 50 milliards.

Nous n'avons plus qu'à développer notre produc- tion en sulfate d'ammoniaque et nous aurons bien vite rejoint les pays les plus favorisés [1].

1 Dans une entrevue récente avec la Commission d'agricul- ture de la Chambre, M. Loucheur, ministre de la Reconsti tution industrielle, accompagné de M. Roux, directeur des pro- duits chimiques agricoles, et de M. Dior, député, d'une haute compétence, a apporté les déclarations les plus précises et les plus rassurantes sur nos approvisionnements en engrais au lendemain de la guerre. Grâce aux progrès de la science et à l'utilisation de nos usines de guerre, nos agriculteurs les auront en abondance. Le retour de l'Alsace va nous rendre les engrais potassiques dont M Loucheur évalue le rendement à 15000 tonnes par jour

*
* *

Seulement, il faudra que nos agriculteurs s'aident aussi eux-mêmes en ne combattant plus comme par le passé en ordre dispersé et en groupant leurs forces, leurs intelligences, leurs capitaux et tous leurs moyens d'action dans l'intérêt de tous et de chacun. Il est indispensable qu'ils changent de mentalité sur ce point essentiel et qu'ils renoncent à leur individualisme obstiné pour se jeter hardiment dans l'Association qui a donné à l'étranger de si merveilleux résultats. Il faut que l'agriculteur isolé, abandonné à ses seules ressources, sache bien qu'il est incapable de s'orienter dans des opérations aussi délicates que des marchés d'engrais, de semences ou de machines. Pour ne pas être trompé, il lui faudrait des connaissances techniques et des renseignements qui lui manquent d'ordinaire: d'où la nécessité de confier la défense de ses intérêts à des Associations, à des Syndicats composés de techniciens et d'hommes d'affaires expérimentés.

Il est juste de dire que, lorsque la guerre a éclaté, nous avions déjà fait de notables progrès dans cette voie; le nombre des Syndicats, qui n'était que de 2000 environ en 1°00 avec 500000 membres, s'élevait déjà en 1914 à plus de 6000, comprenant plus d'un million de membres.

L'Union Centrale des Syndicats Agricoles de la Société des Agriculteurs de France groupe à elle seule 256! Syndicats. Celle des Syndicats du Sud-Est en groupe 562 représentant 150000 syndiqués. Il faut aussi citer un grand Syndicat départe-

mental, celui de Loir-et-Cher, dont son infatigable
et si distingué Président, M. Riverain, a fait un
Syndicat modèle, englobant tout le département
et qui a pris en main l'organisation complète de la
production agricole. Il a créé une Caisse Régio-
nale de Crédit Mutuel qui a fait en 1914 plus de
2 millions de prêts et fondé une Société Coopérative pour l'acquisition des machines qui a fait
en 1916 un chiffre d'affaires de plus de 7 millions. Il est vrai qu'il ne compte pas moins de
17 000 membres.

Ce sont là sans doute de magnifiques résultats,
mais ce ne sont malgré tout que des résultats par-
tiels et localisés ; à côté de ces grands Syndicats
il y a trop de petits Syndicats qui n'existent que
sur le papier. Et puis il reste encore des millions d'agriculteurs qui ne font partie d'aucun
Syndicat.

Il nous faudra demain changer de système et
concentrer nos efforts, nos capitaux dans chaque
arrondissement, dans chaque département sur un
nombre limité de Syndicats assez puissants, assez
riches pour se procurer des matières premières et
des instruments de travail d'une valeur indiscutable et aux prix les plus avantageux. Il restera
ensuite à faire comprendre à nos agriculteurs qu'il
n'est pas un seul d'entre eux qui puisse se dispenser
d'en faire partie.

*
* *

C'est également l'Association qui nous apportera
la solution d'un autre problème plus important

encore que celui du choix et de l'acquisition des
matières premières et des instruments de travail,
celui des moyens financiers indispensables pour se
les procurer et pour couvrir tous les frais de production jusqu'au jour de la vente des produits. La
plupart de nos agriculteurs, surtout des petits
agriculteurs, n'ont pas, comme les industriels, de
fonds de roulement. Beaucoup ont mis tout leur
avoir dans leur matériel d'exploitation et il faut
qu'ils attendent la récolte pour régler leurs créanciers ou qu'ils empruntent pour les payer.

Heureusement l'Association est là pour les dispenser de chercher un banquier et de lui payer de
grosses commissions. Ils n'ont qu'à se cautionner
les uns les autres et ils obtiendront tout l'argent
dont ils peuvent avoir besoin. C'est de cette idée
qu'est sortie l'institution du Crédit Mutuel Agricole préparée par le Congrès International Agricole de 1889 et organisée par la loi de 1894. Les
subventions gratuites que lui apporte la Banque
de France permettent à l'État de prêter à un taux
aussi bas que possible sans courir aucun risque
sérieux.

Car, il faut le dire bien haut, il est peu de crédit
aussi sûr que celui de l'agriculteur; s'il ne paie
pas toujours à l'échéance, il paie toujours. Les
grosses pertes faites dans les années qui ont précédé la guerre par certaines Caisses Régionales ne
sont pas venues d'agriculteurs isolés, mais de
groupements qui n'avaient souvent d'agricole que
le nom, et qui en réalité faisaient de la spécula-
tion parce qu'ils n'étaient pas suffisamment con-
trôlés.

Nos Caisses régionales ne se bornent pas en effet

à faire du crédit individuel; elles sont entrées très
heureusement dans la voie du crédit collectif en
subventionnant toutes les Sociétés coopératives de
production et de vente. Depuis la guerre elles ont
encore étendu leur champ d'action qui tend à devenir illimité.

On peut donc affirmer aujourd'hui que tous les
agriculteurs qui auront besoin d'argent après la
guerre pour améliorer leurs modes de culture et
intensifier leur production, sont sûrs de n'en pas
manquer. S'il le fallait du resté, l'État ne devrait
pas hésiter à intervenir davantage encore en augmentant au besoin le fond de subvention de ses
Caisses; ce serait pour lui le meilleur des placements puisqu'il ferait sortir de terre des centaines
de millions.

Le concours qu'il a déjà donné à l'Agriculture
depuis sa création permet de mesurer l'étendue des
services qu'il est appelé à lui rendre dans l'avenir:
ce concours n'a pas cessé de s'élever avec la
marche a   iante des Caisses locales et régionales. Les premières qui en 1900 ne dépassaient
pas le chiffre de 87 avaient atteint en 1913 celui de
4533; pend   t ce temps, les Caisses régionales
avaient passé de 9 à 98. Dans la même période,
leur capital versé était monté de 710 000 francs
à plus de 23 millions et les avances de l'État,
suivant la même marche ascendante, s'élevaient
de 612 000 francs à 67 millions. C'est ainsi que
le Crédit agricole est devenu pour la masse de
nos agriculteurs une véritable poule aux œufs
d'or et ils n'ont plus qu'à demander pour être
servis à souhait.

*

Il ne faudrait pas cependant leur laisser croire qu'ils n'ont qu'à tendre la main à l'État pour se procurer tout l'argent nécessaire à l'exploitation et à l'amélioration de leurs terres. L'État ne doit pas être pour eux une providence qui se charge de tout, mais seulement une aide supplémentaire. Leur but doit être au contraire de s'en passer le plus possible et de voler de leurs propres ailes, et ils le peuvent s'ils le veulent, en créant avec leurs propres capitaux des banques mutuelles libres dont ils seraient les actionnaires.

Les ressources qu'ils pourraient ainsi se procurer par le Crédit seraient même de beaucoup supérieures à celles qu'ils peuvent attendre de l'État, si larges qu'elles soient. Il suffit pour s'en convaincre, de mettre en regard de nos Caisses régionales de Crédit d'État, alimentées par la Banque de France, les Sociétés libres de Crédit agricole déjà existantes; les résultats obtenus par celles-ci sont vraiment merveilleux.

L'analyse en a été esquissée avec une précision éloquente dans une Conférence faite en 1912 au Musée Social par celui que mon honorable ami M. Viger, président, a justement appelé un des pionniers de la mutualité agricole, M. de Fontgalland, président de l'Union du Sud-Est des Syndicats Agricoles.

Il ressort de son exposé que les Caisses libres Durand, par exemple, qui rayonnent sur tout le Sud-Est ont fait, depuis leur création avec le seul

argent de leurs membres, 65 millions de prêts
depuis leur fondation. A côté de ces Caisses il faut
placer la *Caisse de Prévoyance* et de *Crédit du Syndicat Agricole Vauclusien* qui, au capital de 6000 fr.,
dont un quart seulement versé, avait en dépôt, au
mois de juin 1911, 622000 francs, soit 100 fois son
capital.

Pour fortifier sa démonstration sur la puissance
de développement des Banques Agricoles libres,
M. de Fontgalland a invoqué l'exemple de l'Italie,
leur pays d'origine, et rappelé que la banque de
San-Antonio, par exemple, au capital de 135 000 fr.,
a reçu 9 millions de dépôts, et celle de Plaisance,
au capital de 668 000 francs, 6 millions.

M. de Fontgalland a complété sa démonstration
en faisant observer que nous possédions en France
d'immenses capitaux, en partie agricoles, que
nous laissons sommeiller et qui ne donnent qu'un
revenu insuffisant, quand il serait si facile, en les
faisant travailler, d'en tirer de gros bénéfices. Nos
Caisses d'Épargne détiennent dans leurs tiroirs
plus de 5 milliards de dépôts dont une grande partie pourrait être mise en circulation dans l'intérêt
de l'agriculture et elle le sera le jour où notre éducation économique sera faite et où nos agriculteurs auront pris l'habitude, comme les industriels,
de se faire ouvrir un compte courant dans les
banques agricoles, pour y avoir sous la main le
capital de roulement qui leur permettra d'acheter
leur bétail, leurs machines, leurs engrais, leurs
semences dans de meilleures conditions.

Quand on envisage ce côté de notre situation
agricole on ne peut s'empêcher de faire les plus
tristes réflexions sur les fautes que nous avons

commises ou plutôt que nous avons laissé commettre à nos malheureux agriculteurs, quand, alléchés par les énormes bénéfices qu'on faisait miroiter à leurs yeux pour le placement de leurs économies à l'étranger, ils ont semé le fruit de leur travail aux quatre coins du monde. Ils ont naïvement vidé le fameux bas de laine, qui était leur force et qui avait fait leur réputation dans le monde, entre les mains de ces démarcheurs, comme on les a si bien définis, qui d'une voix de sirène leur faisaient entrevoir une fortune gagnée en dormant.

C'est ainsi que tout l'argent gagné par tant de braves gens à la sueur de leur front a été englouti dans des entreprises lointaines, qui, après avoir brillé comme des météores pour fasciner la clientèle, ont fini presque toutes par sombrer misérablement.

Il suffit de jeter les yeux sur le bilan de nos placements à l'étranger dans ces dernières années pour se rendre compte du vent de folie qui avait passé sur notre malheureux pays. Donnons quelques chiffres : en 1907, nous avons émis en France, c'est-à-dire prélevé sur notre fortune 1 milliard 508 millions que nous avons placés en valeurs étrangères contre 182 millions seulement de valeurs françaises ; en 1909, 4 milliards 690 millions de valeurs étrangères contre 782 millions de valeurs françaises, soit en moyenne 87 pour 100 de nos disponibilités financières annuelles. La conclusion finale de ces gigantesques opérations a été une liquidation désastreuse qui se traduit aujourd'hui par des pertes incalculables sur des valeurs presque invendables.

Qu'on calcule tout ce qu'on aurait pu faire avec
ces énormes capitaux ainsi gaspillés pour féconder
le sol français, transformer nos méthodes de culture, doubler les bénéfices de nos agriculteurs et
surtout relever la valeur de la terre. Ce gaspillage
financier est une des causes profondes du recul
relatif de notre agriculture au moment même où
toutes les principales nations agricoles se portaient
en avant; il explique la faiblesse de nos rendements
à l'hectare qui tient en grande partie à la fausse
économie que nos agriculteurs ont aveuglément
apportée dans leurs frais d'exploitation pour n'avoir
pas compris que plus on est généreux avec la terre
plus on s'enrichit.

*
*   *

La fureur des placements en bourse a eu une autre
conséquence qui n'a pas été la moins désastreuse
pour la prospérité de notre agriculture. C'est elle
qui est en grande partie responsable de la dépréciation de la valeur vénale de la terre et, par un
choc en retour fatal, de la désertion des campagnes.

Le marché de la terre est comme tous les autres;
sa prospérité dépend de l'abondance et de l'importance de la demande, de la concurrence des acheteurs. Il était florissant à l'époque où l'agriculteur
économisait sou sur sou pour acheter la ferme ou
le lopin de terre qu'il convoitait; il y avait alors
dix acheteurs pour un. Un jour est venu où personne ne se présentant plus pour enchérir, parce
que le paysan ne rêvait plus que de titres au por-
teur, ce sont les marchands de bien qui ont pris

sa place et fait fortune en ramassant toutes les terres à vil prix.

Si l'expérience nous a coûté cher, nous avons heureusement aujourd'hui les plus sérieuses raisons d'espérer que la leçon ne sera pas perdue et que nos agriculteurs sont guéris pour longtemps de la tentation de se ruiner au profit des aigrefins de la finance. Le vent tourne très visiblement; en pleine guerre on commence déjà à se disputer les bonnes terres; les bourgeois eux-mêmes entrent en scène et les prix d'adjudication montent partout. L'évolution est en cours et elle ne s'arrêtera plus.

CHAPITRE VI

LES OUVRIERS AGRICOLES

La revue générale, à laquelle nous venons de
procéder, des moyens d'action que l'Agriculture
pourra se procurer pour prendre un élan vigoureux
et intensifier indéfiniment sa production, est assu-
rément de nature à nous rassurer sur son avenir ;
elle fait apparaître des ressources nouvelles, des
facilités de progrès qui avaient fait défaut à nos
agriculteurs jusqu'à ce jour et qui leur permettront, dès qu'ils le voudront, de tirer de la terre
le maximum de produits et de profits.

Le terrain est donc admirablement préparé pour
leur marche en avant et il semble que, dans ces
conditions, le programme agricole de l'avenir soit
d'une réalisation facile.

6

Ce serait vrai s'il ne restait pas un point noir, très noir, qui tient en suspens toute notre reconstitution agricole. Nous avons bien en main les moyens techniques de la réaliser, mais il nous manque malheureusement le plus essentiel de tous, l'agriculteur lui-même, et ce facteur-là ne s'improvise pas. C'est une erreur trop répandue, que l'agriculture est à la portée du premier venu et qu'on peut cultiver une ferme comme un jardin. C'est au contraire une des professions les plus difficiles, une de celles qui exigent la préparation la plus sérieuse; et nous ne parlons pas seulement des patrons; les ouvriers eux-mêmes ont besoin d'une éducation spéciale et il ne faut pas les confondre avec des manœuvres

Nous arrivons ainsi au cœur même de notre sujet, à la question qui domine toutes les autres; on pourrait presque dire à l'unique question, puisque c'est de sa solution que dépend en ce moment l'avenir de notre agriculture, celle du recrutement du personnel agricole, ouvriers et chefs d'exploitations. C'est toute l'armée agricole de demain à mettre sur pied.

Nous n'avons pas besoin d'insister sur les vides effroyables causés dans ses rangs par la mort ou les blessures pires que la mort.

Il résulte de la statistique la plus récente publiée à l'*Officiel* par le Ministère du Travail, que les pertes en hommes résultant de la guerre peuvent se chiffrer ainsi : pertes en morts ou disparus 1 million 400 000 auxquels il faut ajouter le déficit de naissances pendant les quatre années de guerre qui ne s'élèvent pas à moins de 600 000. Ce n'est pas tout; combien y aura-t-il de récupérés pour le

travaii sur les 350000 réformés n° 1 et même sur
le million 450000 réformés n° 2, personne ne saurait le dire. M. le Docteur Bertillon, qui a appro-
fondi encore davantage la question et qui a compris
dans ses calculs les pertes subies par les populations des départements envahis qui ne figurent pas
dans la statistique du Ministère du Travail, arrive
au chiffre total de 3 millions et demi.

Or, ce sont les agriculteurs qui ont bien certainement payé le plus lourd tribut à la défense nationale. Pour s'en faire une idée approximative, il
suffit de se reporter aux constatations faites dans
les ambulances par nos grands chirurgiens sur la
proportion des blessés appartenant aux professions
agricoles; leurs évaluations varient entre 70 et
80 pour 100 du nombie des blessés. Dans une
Compagnie d'Infanterie de 100 hommes on comptait d'ordinaire 80 paysans. On arrive ainsi à un
total de pertes pour l'agriculture qui approche de
un million et demi.

Aussi paraît-il tout d'abord paradoxal de demander et d'espérer l'intensification de la production agricole, c'est-à-dire son augmentation, quand
on est obligé de reconnaître que le nombre des
agriculteurs, déjà si insuffisant avant la guerre, a
encore baissé dans de pareilles proportions.

C'est ainsi qu'au lendemain de la guerre se pose,
plus urgent et plus angoissant que jamais, le problème du Retour à la Terre; car il ne suffit plus
aujourd'hui d'y ramener les déserteurs qui l'ont
abandonnée, il faut, pour marcher en avant, faire
de nouvelles levées d'agriculteurs, empruntées à
toutes les classes de la population Quand on
regarde en arrière et qu'on se reporte aux années

qui ont précédé la guerre et où les appels désespérés des amis de l'Agriculture semblaient tomber dans le vide, un tel miracle apparaît d'abord comme impossible.

Ce serait vrai, et il faudrait nous résigner à l'inévitable, si la France de demain devait ressembler à la France d'hier et si nous devions continuer à nous traîner dans l'ornière du passé au lieu de nous engager hardiment dans les voies de l'avenir; car ce n'est plus derrière nous qu'il faut regarder, c'est en avant.

Disons-nous bien que si la guerre a terriblement aggravé notre situation agricole, elle l'a aussi considérablement améliorée en faisant surgir des facteurs nouveaux et des forces nouvelles qui rendront possibles une foule de mesures, de réformes, de progrès toujours ajournés et qui s'imposeront à notre patriotisme. Il se créera partout, sous le coup de la nécessité, une mentalité nouvelle qui devra profiter à l'agriculture et qui lui attirera de nouveaux et solides contingents de personnel supplémentaire.

C'est à la recherche et à la mise en marche de ces contingents qu'il faut nous appliquer dès à présent et si on veut bien creuser le problème sous toutes ses faces, nous sommes convaincus qu'on se sentira rassuré sur l'avenir. Sans doute la période de transition, pour passer d'un état à l'autre, sera longue et dure, mais elle sera d'autant moins longue que nous aurons un plan mieux arrêté et que nous le suivrons plus résolument; la patience dans la préparation sera aussi nécessaire que la fermeté dans l'exécution.

C'est ce plan de reconstitution de l'armée agri-

cole que nous voudrions essayer d'ébaucher en
analysant d'abord les éléments actuels, dont elle
peut encore disposer, et qu'il importe de réunir au
plus tôt, en recherchant ensuite les contingents
nouveaux qu'il sera possible de verser dans ses
rangs pour la renforcer.

Le salut ne peut nous venir que d'un ensemble
de mesures et de combinaisons de toute nature
convergeant au même but. On ne peut les découvrir qu'en se livrant à une analyse approfondie de
toutes les catégories de la population où il sera
possible de puiser les ouvriers et les patrons agricoles de l'avenir, qui constituent deux éléments
distincts, ayant chacun leur vie propre et qu'il faut
étudier à part.

**

Parlons d'abord des ouvriers, exclusivement
agricoles, qui sont attachés à la terre et qui
forment comme l'ossature de l'industrie agricole.
Les statistiques du Ministère de l'Agriculture nous
apprennent qu'ils représentent un effectif de plus
de 1 600 000 travailleurs et de plus de 600 000 ouvrières.

Nous devons dire que les statistiques du Ministère du Travail donnent des chiffres sensiblement
plus élevés. La différence tient aux modes de
calcul ; ce Ministère recense les jardiniers comme
agriculteurs : on en compte 115 000. Il recense
aussi tous ceux qui, de près ou de loin, donnent un
concours à l'agriculture sans être vraiment agriculteurs, par exemple les journaliers d'industrie qui
font à l'occasion du travail agricole ou les journa-

liers agricoles qui travaillent également pour l'industrie.

Les résultats ainsi obtenus pour l'année 1911 sont les suivants : sur une population de 20 931 821 unités formant le total de la population active, la population agricole représente en chiffre rond 8 500 000 personnes dont 5 300 000 hommes et 3 200 000 femmes.

Les 8 500 000 agriculteurs comprennent à leur tour 2 870 000 patrons et 2 400 000 ouvriers masculins, plus 2 340 000 patronnes et 891 000 ouvrières.

A quelques chiffres qu'on s'arrête, il est en tout cas trop évident que les trouées faites par la guerre dans cette partie si importante de l'armée agricole seront énormes; si on songe que la masse des ouvriers agricoles se compose d'hommes vigoureux et dans la force de l'âge, il est vraisemblable que l'élite de nos soldats s'est en grande partie recrutée dans leurs rangs et par conséquent qu'ils ont payé plus que d'autres leur tribut à la mort. Il faudra, de toute nécessité, trouver les moyens de combler ces vides formidables par des contingents nouveaux; mais, avant de faire appel à de nouveaux venus, il faut d'abord être certains de récupérer les survivants de la guerre et de pouvoir les ramener tous à la terre, les blessés et les autres.

C'est sur eux qu'il faudra porter le premier effort pour regarnir nos cadres agricoles; ils formeront la phalange sacrée qui devra prendre la tête des équipes de l'avenir; s'ils se laissaient détourner de leur ancienne profession et disparaissaient des rangs, ils donneraient le signal d'une débandade générale qu'il faut éviter à tout prix.

Il ne sera pas aussi facile qu'on pourrait le croire

de les conserver. La pénurie de main-d'œuvre sera telle dans toutes les branches de l'activité nationale, qu'il y aura une véritable surenchère des bras. L'industrie, — bien que moins éprouvée à ce point de vue que l'agriculture, grâce aux ateliers de la guerre qui lui ont conservé une grande partie de son personnel, — ne manquera pas, pour réorganiser ses cadres, de faire le siège de tous les hommes disponibles et elle ne ménagera pour cela ni l'argent ni les avantages de toute nature. Quant au commerce, celui surtout qui a gagné tant d'argent pendant la guerre, il essaiera de faire à ses employés un pont d'or.

Nous ne croyons pas cependant que ces avances aient beaucoup de succès, pour une première raison : c'est que la mentalité de nos ouvriers agricoles ne sera probablement plus la même qu'avant la guerre. Après les affreuses souffrances physiques et morales qui, pendant des années, ont ébranlé les nerfs de nos héros, il en est bien peu qui n'aspireront pas au repos des champs, à la vie au grand air réparatrice des santés ébranlées, plutôt que de s'enfermer dans une usine au milieu du bruit infernal des machines ou entre les quatre murs d'une boutique.

A cette raison s'en ajoutera une autre, très prosaïque, très terre à terre, mais qui constitue un facteur nouveau d'une incontestable force pour faire pencher la balance du côté de la terre, c'est la transformation profonde que la guerre va fatalement amener dans les conditions matérielles de la vie. Elles seront pour la plupart à l'avantage de la campagne et au détriment de la ville. A la ville, il faudra désormais tout sacrifier aux dépenses indispensables de l'existence et à la première de toutes, celle de l'alimentation, qui absorbera la plus forte partie des salaires et des traitements.

Pour faire face à ce premier de tous les besoins, il faudra dire adieu à tout ce qui, avant la guerre, exerçait une attraction irrésistible sur tant de déserteurs de la terre, aux amusements de toute nature, au théâtre, au café, au luxe de la toilette; et quoi qu'il fasse, si économe qu'il soit, le citadin, surtout quand il aura de la famille, sera plus malheureux que le campagnard qui aura en abondance tout ce qui constitue le confort de la vie. Cette seule raison suffira, n'en doutons pas, non seulement pour retenir à la terre nos poilus agricoles, mais aussi pour faire de nombreuses conversions et ramener à la terre beaucoup d'ouvriers de la ville.

***

Il faut bien le dire, il y a longtemps déjà que beaucoup d'entre eux auraient fait cette évolution et que la désertion de la terre aurait marqué un temps d'arrêt, si on n'avait pas semblé prendre à tâche de la favoriser, en ne faisant aucun effort sérieux pour améliorer la situation matérielle de l'ouvrier agricole et le retenir à la terre au moment même où l'Industrie multipliait les siens pour procurer à ses ouvriers toujours plus de bien-être et d'avantages de toute nature.

Le tableau de cette lutte inégale où l'agriculture devait être infailliblement battue a été souvent tracé. En dehors de la nourriture, qui a toujours été abondante et saine, rien de sérieux n'a été fait dans la plupart des exploitations pour assurer à nos ouvriers agricoles, en même temps que de bóns salaires, le confort indispensable pour mettre un peu de bonheur dans leur vie.

Les salaires, pour commencer par eux, ont été en général par trop inférieurs à ceux de l'Industrie et du Commerce ; ils sont souvent à un tel point insuffisants qu'il faut vraiment tout l'attachement du paysan à la terre pour qu'il se résigne à un travail si rude et si mal rémunéré. Demain il faut que cela change et le changement sera facile avec le relèvement du prix des denrées alimentaires. Les producteurs agricoles ont appris pendant la guerre à se faire payer de leurs peines et ils le méritaient bien, tant leur existence était dure et leur travail effroyable.

Après la guerre, ils seront encore les maîtres de la situation et il est probable qu'ils maintiendront les prix que justifiera l'augmentation de leurs frais généraux Il dépendra donc d'eux que les salaires qui forment l'article principal des frais généraux restent à un niveau assez élevé pour retenir à la terre tous ceux qui seraient tentés de lui être infidèles et aussi pour attirer à elle de nouvelles recrues.

Il faudra surtout que les salaires des spécialistes techniciens, mécaniciens, conducteurs de machines, électriciens, soient établis sur les mêmes bases que ceux des ouvriers de l'industrie Pour que l'assimilation soit tout à fait complète il sera nécessaire de faire un pas de plus en étendant les lois sur les accidents aux ouvriers agricoles ; l'emploi de plus en plus généralisé des machines pour les travaux agricoles ne permet pas de retarder plus longtemps une mesure qui s'impose.

Nous croyons même qu'il serait possible d'aller plus loin encore dans cette voie et d'ajouter au salaire une certaine participation aux bénéfices. Cette participation pourrait revêtir différentes formes, être totale ou partielle, en nature ou en argent; elle pourrait même ne consister qu'en primes. L'essentiel est d'élever l'ouvrier à la hauteur d'un collaborateur en lui donnant le sentiment que plus il travaille pour le patron, plus il travaille pour lui-même parce qu'il a sa part assurée dans les bénéfices de l'exploitation. L'intérêt général aura aussi la sienne; car il n'existe pas de meilleur et plus puissant moyen de pousser la production agricole à son maximum que d'y intéresser la masse des ouvriers.

Quant au patron, il ne fera qu'un sacrifice apparent, puisque c'est l'ouvrier qui, par son ardeur au travail et son attention aux moindres détails, aura créé le bénéfice supplémentaire dont il n'aura qu'une partie. Si on y regarde de près en effet, on découvrira aisément que la valeur personnelle de l'ouvrier et ses qualités professionnelles, son émulation, jouent encore un plus grand rôle en agriculture qu'en industrie. La tâche de l'ouvrier d'industrie est limitée par la nature de la fabrication et par les heures réglementaires de travail; celle de l'ouvrier agricole, qui prend sa besogne à cœur, est de tous les instants et s'étend aux moindres détails de la production.

Il est une autre amélioration du sort de l'ouvrier qui s'impose autant et même plus que celle du salaire, c'est celle du logement. La peinture en a été souvent faite et elle est navrante; dans un très

grand nombre d'exploitations, les ouvriers sont
entassés dans la même chambre et n'ont quelquefois qu'un lit pour deux. Et quelles chambres! des
taudis véritables, de simples dépendances de
l'écurie ou du grenier à foin. On va même jusqu'à
les coucher à l'étable où ils respirent l'air empesté
des animaux. Point de meubles, point d'objets de
toilette, pas même d'armoires pour mettre leurs
habits. Comme on comprend que le dégoût finisse
par les envahir et qu'ils se sauvent de la terre à
toutes jambes.

Ce scandale avait fini par attirer l'attention des
grandes Sociétés d'Agriculture qui, à la veille de
la guerre, avaient ordonné une enquête; elle était
sur le point d'aboutir quand la guerre a éclaté. L'un
des rapporteurs, M. Henri Girard, un de nos agronomes d'avant-garde, a pu écrire : « Il n'y a pas, à
proprement-parler, en France, à de rares exceptions
près, de bons logements ruraux. Il y a peut-être
500 000, peut-être plus, de domestiques des deux
sexes qui, faute de toit, ne peuvent constituer de
foyer et repeupler la France. »

Il faut retenir ce cri d'alarme pour comprendre
toute la gravité du péril et la nécessité de recourir
aux grands moyens pour le conjurer; car nous touchons ici du doigt un des côtés inaperçus de ce
problème fondamental du relèvement de notre
natalité qui est la condition première de notre
relèvement économique et national.

Ce n'est plus par des demi-mesures que nous
atteindrons le but et nous ne pouvons plus nous
contenter d'une réforme qui se bornerait à donner
aux ouvriers agricoles des chambres propres, bien
aérées et confortablement meublées. Ce modeste

progrès ne suffirait pas aujourd'hui pour refaire des familles et reconstituer l'énorme réservoir de main-d'œuvre dont l'agriculture a absolument besoin pour suffire à la tâche immense qui l'attend.

Ce ne sont pas de simples chambres qu'il faut maintenant à nos ouvriers agricoles; ce sont des logements où ils puissent vivre en famille comme les ouvriers de la ville. Ce n'est pas encore assez et il faudrait aller hardiment jusqu'au bout dans la voie du progrès, en créant dans nos grandes et même dans nos moyennes exploitations, de petites habitations ouvrières avec jardin pour le ménage, sur le modèle perfectionné des habitations ouvrières des villes. Ce sera une dépense sans doute, mais elle sera bien vite remboursée par la quantité de bon travail que l'ouvrier pourra fournir avec sa famille.

Du reste le Crédit agricole est là pour faire aux propriétaires les avances nécessaires, à un taux plus que modéré et avec des facilités de remboursement exceptionnelles.

*
* *

Quand nous aurons fait tout cela, quand nous aurons assuré aux travailleurs de la terre de bons salaires qui seront, à valeur égale, en réalité supérieurs à ceux des ouvriers des villes par les avantages de confort qui s'y ajoutent, quand nous pourrons leur offrir des habitations saines, baignées d'air et de lumière, où ils pourront goûter toutes les joies de la famille, nous aurons complètement comblé l'écart qui sépare le travailleur de la terre du travailleur le plus favorisé de la ville

Mais nous pouvons faire mieux encore en offrant à l'ouvrier agricole une prime d'une valeur inappréciable dont l'appât sera suffisant pour attirer à la terre une grande quantité de nouveaux venus et précipiter l'émigration de la ville à la campagne.

Cette prime n'est autre que la possibilité pour l'ouvrier des champs de passer de l'état d'ouvrier à celui de petit patron. C'est un aimant d'une force irrésistible; quand l'être humain a été mordu par l'amour de la terre qu'il travaille et dont il a fait sa chair, il ne peut plus se passer d'elle. L'agriculture a, dans cet ordre d'idées, un grand avantage sur l'industrie, parce qu'à la différence de l'industrie, elle peut faire aisément de l'ouvrier un patron en lui permettant de cumuler les avantages de sa double situation. Il suffit pour cela de mettre à sa disposition les avances d'argent nécessaires pour acheter un lopin de terre et même une petite ferme qui le fixent au sol. Sa culture personnelle peut lui donner les moyens de se nourrir lui et sa famille tout en lui permettant de louer ses bras au propriétaire voisin pour se faire un revenu supplémentaire.

C'est de cette tentation de la terre qu'est sortie la classe des petits propriétaires ouvriers qui va sans cesse en augmentant pendant que les rangs des ouvriers non propriétaires ne cessent pas de s'éclaircir. Notre grande enquête décennale de 1882 à 1892 établit déjà que le nombre des journaliers non propriétaires était descendu de 869 000 à 621 000 pendant que celui des journaliers propriétaires montait de 588 000 à 1 134 000. Les statistiques du dénombrement de la population faites de 1896 à 1906, quoique moins précises, font ressortir

la continuation du même mouvement, c'est-à-dire
l'augmentation incessante des chefs d'exploitation
et la diminution de plus en plus accentuée des travailleurs isolés[1].

C'est à ces petits propriétaires ouvriers que
l'agriculture française a dû son salut, et ils sont
plus que jamais la pierre angulaire de notre reconstitution agricole.

Aussi est-ce avec une entière conviction que
nous disons à tous, aux pouvoirs publics et aux
Sociétés d'agriculture : « Faites de petits propriétaires, faites-en le plus possible, n'eussent-ils qu'un
champ ou un jardin, et dites-vous bien que vous
semez pour l'avenir, parce que chacun de ces petits
agriculteurs que vous aurez créés passera sa vie à
augmenter son champ d'action et constituera insensiblement les cadres solides de la moyenne et de la
grande propriété.

« Dites-vous aussi que vous faites au premier chef
une œuvre éminemment patriotique en donnant à
la France ses plus solides, ses plus énergiques
défenseurs. »

On l'a bien vu dans la guerre actuelle où nos
poilus ruraux ont si bien justifié cette grande et
belle pensée de Buffon : « Après la famille, rien ne
fait plus aimer la patrie que le champ qu'on cul-
tive ». Il faut le dire en toute sincérité : si nous
n'avions été qu'un pays de grands propriétaires
nous aurions été hors d'état de tenir tête aussi
longtemps aux hordes germaniques et nous étions

1. On trouvera des précisions détaillées sur le sujet dans le
magistral ouvrage de M. A. Souchon, professeur à la Faculté
de Droit de Paris, La Crise de la Main d'œuvre agricole en
France

perdus. C'est une leçon qu'il ne faut jamais perdre de vue dans nos réformes agricoles.

*
* *

Rien ne sera plus facile du reste que de donner pleine satisfaction à ce vœu ; car il est déjà largement réalisé par notre législation qui pourrait même servir de modèle à d'autres pays. Les avances aux petits agriculteurs qui veulent acheter de la terre à crédit sont depuis longtemps organisées dans les conditions les plus avantageuses pour eux. Les lois des 10 avril 1908 et 19 mars 1910, qui ont autorisé les prêts à long terme d'une durée de 25 ans, par les Caisses Régionales de Crédit agricole et les Sociétés Immobilières pour l'acquisition de petites propriétés rurales d'une valeur maximum de 8 000 francs ont ouvert la porte toute grande à tous ceux qui offrent des garanties sérieuses de capacité et de situation.

Ce n'est pas tout, car il ne suffit pas d'avoir la terre pour être en état de la cultiver, il faut aussi posséder le capital d'exploitation : bétail, instruments de travail, machines Cet obstacle a encore été supprimé par un décret qui a institué les prêts à moyen terme que les Caisses de Crédit agricole sont autorisées à consentir aux agriculteurs dignes de confiance jusqu'à concurrence de 5 000 francs pour une durée de 5 ans.

Cette législation déjà si favorable a encore été améliorée, en faveur de nos poilus pensionnés qui voudront revenir à la terre ou y aller. La loi du 9 avril 1918 leur accorde des avantages exceptionnels : c'est ainsi que le montant des prêts peut aller jusqu'à 10 000 francs et que le taux d'intérêt a été abaissé de 2 à 1 pour 100 ; il décroît à raison du nombre des enfants à tel point que c'est l'Etat seul qui l'acquitte à partir de la naissance du second enfant.

A ces avantages, il faut en ajouter un autre très important : la dispense du versement du cinquième du prêt, exigé par les Statuts des Sociétés de Crédit Immobilier ; il est remplacé par une délégation éventuelle sur le montant de la pension militaire en cas de non-paiement.

Ces avantages réunis sont tels qu'on pourrait presque dire qu'au lendemain de la guerre nos poilus héroïques pourront devenir petits propriétaires sans rien débourser. Ce sera, en même temps qu'une récompense de leur vaillance bien méritée, un grand service rendu à l'agriculture nationale. Ainsi se constituera au sein de nos communes un noyau d'intrépides agriculteurs qui seront un exemple pour tous les autres et les apôtres les plus éloquents du retour à la Terre.

CHAPITRE VII

MOYENS DE REMPLACER LES OUVRIERS AGRICOLES VICTIMES DE LA GUERRE

1er MOYEN ÉCONOMIE DE MAIN-D'ŒUVRE PAR LA MACHINE || RÔLE DE CELLE CI. || PLACE CONSIDÉRABLE QU'ELLE TIEN DRA DANS LA FUTURE ORGANISATION AGRICOLE || DÉPARTEMENTS ENVAHIS || LES INDUSTRIES RURALES || LEUR DÉVELOPPEMENT. || NOUVEAU RESERVOIR DE MAIN D'ŒUVRE || DIFFICULTÉS D'APPLICATION DE LA MACHINE || CONSTITUTION PARTICULIERE DE NOTRE SOL || EDUCATION NÉCESSAIRE DE NOS AGRICULTEURS || RÔLE DES CONSTRUCTEURS FRANÇAIS || LA STANDARISATION. || LE REMEMBREMENT CONDITION PREMIÈRE DE L'EXTENSION DU MACHINISME ET DE L'INTENSIFICATION DE LA PRODUCTION || NECESSITE DE TROUVER DES BRAS POUR TRAVERSER LA PÉRIODE DE TRANSITION || REVUE DES RÉSERVOIRS ANCIENS DE MAIN D'ŒUVRE LES ÉTRANGERS, PERTES SUR L'AVANT GUERRE || MAIN-D'ŒUVRE COLONIALE, NE PEUT ÊTRE QU'UN FAIBLE APPOINT, BESOINS DE NOS COLONIES. || MAIN-D'ŒUVRE JAUNE || MAIN D'ŒUVRE VOLANTE || LES VAGABONDS ET LA RÉFORME DE LA LOI SUR LE VAGABONDAGE. || LES CONDAMNES DE DROIT COMMUN ET LE REGIME PENITENTIAIRE

Si on additionne tous les facteurs que nous venons d'énumérer, toutes les ressources en main-d'œuvre qu'ils nous promettent pour l'avenir, il semble qu'on soit en droit de conclure que la main-d'œuvre agricole se reconstituera d'elle-même au lendemain de la guerre par l'afflux de nouvelles couches puisées un peu partout, dans toutes les

classes de travailleurs Mais il ne faut pas nous
dissimuler qu'une semblable évolution demandera
du temps et ne pourra pas donner de résultats
immédiats Un changement de front aussi considérable, qui suppose à la fois un changement de mentalité et un déplacement de professions ne peut se
faire que lentement, progressivement ; or c'est tout
de suite, c'est-à-dire dès le premier jour qui suivra
la guerre qu'il faudra agir et trouver les moyens,
non seulement de suffire à notre production agricole, mais encore de lui donner une nouvelle et
puissante impulsion

Il faut donc envisager dès à présent une période
de transition inévitable, pendant laquelle il sera
nécessaire de recourir à des moyens nouveaux,
fussent-ils des moyens de fortune, pour improviser
une armée de travailleurs agricoles capables de
mettre le sol de France en pleine valeur. Mais comment y parvenir ? Comment remplacer le demi-
million d'ouvriers agricoles morts au champ
d'honneur ou complètement invalides qui ne pourront plus répondre à l'appel ?

* * *

Le premier moyen à employer est tout indiqué ;
il consiste à faire une économie de main-d'œuvre
en faisant une économie de bras ; on peut la faire
sous deux formes, soit en diminuant la quantité de
main-d'œuvre elle-même, indispensable à nos différentes branches de cultures, soit en remplaçant les
bras par la machine

Il est d'abord évident que nos agriculteurs vont,
par la force des choses, s'ingénier à proportionner

leurs cultures à leur main-d'œuvre et qu'ils chercheront à utiliser leur sol le mieux qu'ils pourront.
C'est ainsi que dans nos départements dévastés de
la région du Nord, ils seront souvent amenés à
remplacer les terres à céréales par la prairie, l'opé
ration ne laissera pas que d'être avantageuse au
point de vue général, puisqu'elle facilitera l'augmentation de notre cheptel.

Dans le reste de la France, il est fort probable
qu'on opérera autrement, mais dans le même sens,
et il faudra également s'en féliciter; il vaudra
mieux, par exemple, augmenter la production des
céréales à l'hectare et la concentrer sur les bonnes
terres en réservant les autres à des cultures relativement plus productives parce qu'elles exigeront
moins de main-d'œuvre.

Quand le classement sera ainsi fait, il ne restera plus, pour combler les vides de la main-
d'œuvre manquante, qu'à se tourner du côté de
la machine, ce travailleur intelligent et jamais
fatigué, qui peut suppléer des légions d'ouvriers,
et personne ne saurait contester qu'elle s'impose plus que jamais dans la situation où va se
trouver la France agricole. Elle n'aura pas seulement pour avantage d'économiser des bras, et de
déclencher le progrès dans les méthodes de culture
partout où elle passera, elle en aura un autre, d'un
prix inestimable, ce sera de permettre l'utilisation
d'un grand nombre de nos glorieux mutilés. Ils
trouveront là une occupation lucrative et une
grande consolation; ils pourront prendre dans le
monde agricole une situation digne d'eux et former
les premiers rangs de l'armée agricole.

Il est du reste une région de la France où la machine s'imposera tout de suite et régnera souverainement, c'est celle de nos malheureux départements saccagés par un ennemi sauvage. Là, elle sera indispensable non seulement pour remplacer les attelages qui manqueront partout, mais aussi pour la remise en état du sol passé à l'état volcanique; c'est sans doute du Nord que partira l'étincelle qui se propagera ensuite dans le reste de la France.

Il ne faut pas oublier que c'est par l'emploi généralisé des machines que l'Allemagne est parvenue, avec sa main-d'œuvre relativement restreinte, à mettre en culture toutes ses terres et a tirer de son sol le maximum de rendement. Il suffit encore ici pour s'en convaincre d'ouvrir la petite brochure de M Lucien Hubert contenant les statistiques données par la Dresdner Bank sur les exploitations agricoles allemandes employant des machines en 1882 et en 1907. Il en ressort que le nombre de ces exploitations a passé, pendant cette période, pour les semeuses, de 63 000 à 290 000; pour les moissonneuses, de 190 000 à 301 000, et pour les machines à battre, de 298 000 à 917 000. Nous nous trouvons, ici encore, comme pour la houille blanche, qui va se combiner avec la machine, en face d'une évolution profonde dont on commence seulement à apercevoir les proportions mais dont il est encore impossible de calculer les résultats[1]. La science nous apporte tous les jours

1 On estime que 10 tracteurs peuvent labourer 15 hectares par jour alors qu'une paire de bœufs met plus de 7 jours pour labourer un hectare Comme travail 10 tracteurs avec 20 ouvriers peuvent donc remplacer 105 à 150 paires de bœufs et autant de laboureurs Le travail que 10 tracteurs font en un jour exigerait avec un attelage de bœufs, 105 jours

de nouveaux emplois de la machine et nous mar-
chons de surprise en surprise, servie par l'électricité elle améliore les conditions du travail
humain lui-même et notamment du travail des
femmes en se substituant à elles pour les besognes
les plus fatigantes et les plus répugnantes

On peut donc entrevoir, sans crainte de se
tromper, que nos agriculteurs et nos femmes
d'agriculteurs ne tarderont pas à raisonner comme
des industriels et à prendre l'esprit industriel, ce
qui ne contribuera pas peu à relever le prestige et
l'attrait de la profession agricole; les ouvriers vont
devenir des spécialistes qui apparaîtront plutôt
comme de véritables contremaîtres que comme de
simples travailleurs.

***

L'introduction de la machine combinée avec
l'électricité va du reste, très probablement, provoquer au fond de nos villages, dans cette direction,
une autre révolution dont il est permis, dès à
présent, d'entrevoir et d'escompter les résultats
probables; c'est la création d'industries rurales qui
auront tout intérêt à s'installer à la campagne
parce qu'elles y trouveront la main-d'œuvre à
meilleur marché et une réduction sérieuse de leurs
frais généraux; mais il est désirable que ces industries tiennent par certains côtés à l'agriculture
pour que le lien agricole ne se détende pas trop et
que le travail industriel n'absorbe pas ou ne diminue pas le travail agricole.

Heureusement le champ est largement ouvert à
des industries agricoles qui nous manquent ou qui

végètent et qui sont le complément indispensable
de notre production, si nous voulons l'intensifier,
diminuer ses prix de revient et lui assurer des dé-
bouchés avantageux Citons la distilleie, la fécu-
lerie, la fromagerie, la beuieiie, la cidrerie, la
vinification et suitout les conseives de fruits qui
nous permettraient d'utiliser nos pommes au lieu
de les laisser pouriir ou de les revendre aux Allemands pour en faire du champagne

A côté des profits directs que nous retireions de
la tiansformation peifectionnée des produits agricoles et des gros bénéfices d'une vente mieux
organisée, il faut placer un autie avantage qui
n'est pas moins précieux pour la solution du problème de la main-d'œuvre L'installation au fond
de nos campagnes de nombreuses industries pro-
voquera un afflux de main-d'œuvre supplémentaire attirée de la ville par les avantages de toute
sorte offerts aux ouvriers employés dans ces industries qui pourront mener de front avec leur travail,
grâce au concours de leurs familles, de petites
exploitations agricoles leur assuiant le bien-êtie et
la vie à bon maiché. C'est ainsi que le flot des travailleurs, qui depuis tant d'années s'écoulait de la
campagne à la ville, aura une tendance de plus en
plus prononcée à revenir de la ville à la campagne
et le réservoir de la main-d'œuvre agricole s'augmentera d'autant

***

Cela dit, nous nous garderons bien de forcei la
note sur l'évolution dont la machine va être l'instrument, nous ne voulons rien exageiei et nous ne

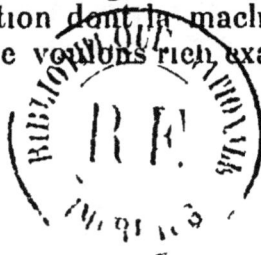

MÉLINE   7

nous dissimulons pas que les résultats à en attendre
seront l'œuvre du temps Il faut prévoir que son
emploi généralisé se heurtera au fond de nos campagnes à de très nombreuses difficultés et rien ne
serait plus dangereux qu'un optimisme aveugle qui
pourrait être suivi de déception et de découragement.

Il ne faut pas oublier d'abord que la France est
avant tout un pays très accidenté, de moyenne et
surtout de petite culture, dont la production varie
à l'infini, ce qui fait d'elle un immense jardin qui
exige des soins continus que la main de l'homme
peut seule bien souvent donner à propos Quant à
la grande culture elle est, chez nous comme ailleurs,
depuis longtemps convertie à la machine.

Pour l'adapter à cette infinie variété de branches
de production, concentrées d'ordinaire sur de petits
espaces, il faudra que nos constructeurs fassent
preuve de beaucoup de souplesse et s'ingénient à
trouver la machine qui convient le mieux à la nature
du sol et aux différentes cultures

C'est une des raisons pour lesquelles il y a un
intérêt national à soutenir et à protéger nos constructeurs français de machines agricoles qui ont
l'avantage d'êtr n contact permanent avec nos
agriculteurs et de pouvoir étudier avec eux, sur
place, les combinaisons de machines réalisables qui
conviennent le mieux au sol et au tempérament des
populations Ce sont eux qui seront les meilleurs
avocats de la machine et qui contribueront le plus
puissamment à l'éducation de nos agriculteurs,
condition première du succès.

Ils nous préserveront d'expériences hasardeuses
qui pourraient provoquer un recul général au lieu

d'une marche en avant. Nous nous sommes trop engoués, pour suivre l'exemple des Etats-Unis, de standarisation, c'est-à-dire de la fabrication en grande masse et à prix réduit, d'un petit nombre de machines types, construites toutes sur le même modèle, avec des pièces de rechange identiques, par conséquent d'une fabrication plus facile, moins coûteuse et qu'on pourrait trouver partout On perd de vue que si ce mode de fabrication est tout à fait à sa place dans un pays d'immenses espaces et de cultures uniformes comme les Etats-Unis, il s'adapte moins généralement à une agriculture comme la nôtre qui varie d'un département et même d'un arrondissement à l'autre, à un sol découpé comme le nôtre en millions de petites exploitations où il faut en quelque sorte que la machine soit combinée avec le sol lui-même.

M. Ringelmann, le si distingué Directeur de notre station d'Essais de machines, qui est une des plus hautes autorités en la matière, a lumineusement résumé ses conclusions sur le sujet en disant : « que s'il est désirable de réduire le nombre de types de chaque catégorie de machines, cela dépend peu de la volonté du constructeur qui est sous la dépendance de l'agriculteur pour lequel il faut d'abord fabriquer la machine qu'il désire; la question est également liée très souvent à des améliorations foncières préalables C'est donc une question d'instruction de la masse des agriculteurs »

Donc prenons patience et disons-nous bien que la meilleure manière d'aller vite, c'est de ne pas essayer d'aller trop vite. Résignons-nous à faire l'éducation de nos agriculteurs et elle se fera d'au-

tant mieux que nous n'essaierons pas trop de leur
forcer la main

Pour les attirer et les entraîner, continuons à
mettre à leur disposition de larges subventions;
soutenons les Syndicats, les Entrepreneurs, les
Communes et attendons les résultats pour créer le
torrent qui doit tout entraîner Ne perdons jamais
de vue, surtout, qu'il faut absolument que chez
nous, la machine soit doublée d'une armée d'agriculteurs en chair et en os et que c'est à la constitution même de notre propriété rurale qu'il faudra
de toute nécessité adapter son emploi en évitant
de copier servilement les autres

*
* *

Il est, du reste, une autre difficulté inhérente à
la constitution même de la plupart de nos exploitations qui complique singulièrement le problème
de la machine pour notre pays, c'est le morcellement excessif des exploitations qui en rend l'emploi si difficile, pour ne pas dire impossible, dans
tant de régions Les tracteurs et les machines ne
peuvent opérer utilement et donner leur plein rendement qu'autant que la configuration du sol leur
offre un champ d'évolution possible. Quand les
exploitations se composent d'un grand nombre de
parcelles isolées, leur marche est souvent presque
impossible Il faut avoir le courage de le dire, nos
agriculteurs font fausse route depuis trop longtemps, en s'acharnant à s'arrondir au hasard, en
achetant partout où ils les trouvent des morceaux
de terre à leur portée, sans s'inquiéter de leurs
assolements, des difficultés d'accès, sans se de-

mander si le lopin de terre qu'ils sont si fiers d'acquérir au loin, ne va pas leur coûter plus cher qu'il ne rapporte

Tout le monde est d'accord aujourd'hui, dans les milieux agricoles avertis, sur la nécessité de mettre fin à ce déplorable état de choses et sur le remède à y apporter, qui est bien connu. Il consiste à opérer le remembrement partiel ou général du territoire agricole de la Commune ainsi éparpillé, en répartissant celui-ci entre les habitants de façon à assurer a chacun les meilleures et les plus fructueuses conditions d'exploitation.

Le remembrement n'a pas seulement pour avantage de faciliter les travaux de culture, l'expérience qui en a été faite permet d'affirmer qu'il augmente la valeur des terres en capital de 20 a 30 pour 100 au minimum par l'amélioration des assolements et l'utilisation plus parfaite des surfaces cultivées. Ici encore nous rencontrons sur notre route un des nombreux moyens d'augmenter notre capital national en même temps que notre revenu; si on pouvait le traduire en chiffres on serait stupéfait des résultats et on comprendrait que de toutes les réformes à entreprendre pour reconstituer notre fortune publique au lendemain de la guerre, il en est peu de plus importantes, de pius urgentes

Ce problème du remembrement apparaît ainsi de plus en plus comme un problème capital et la condition première de notre reconstitution agricole; il est comme le nœud de tous les autres, et l'intensification de la production agricole dépend en grande partie de sa solution Malheureusement, le morcellement des exploitations tend à devenir un véritable fléau; car elles s'émiettent de plus en plus et il est notoire que c'est sous cette forme que le champ des terres abandonnées s'élargit d'année en année C'est également dans les villages à propriétés morcelées que sévit le plus fortement le fléau de la dépopulation.

Cet abandon s'explique de lui-même; la mise en culture des terres éloignées du centre des exploitations exige des dépenses supplémentaires de main-d'œuvre, de transport, qui, bien souvent, mettraient l'agriculteur en perte et qui en tout cas réduiraient tellement ses bénéfices qu'il préfère laisser dormir la terre. Or, ce qui était une difficulté hier deviendra demain une impossibilité Après la guerre la raréfaction de la main-d'œuvre va obliger tous les exploitants à la réduire à son strict minimum et un des premiers moyens indiqués pour l'économiser, c'est la concentration des exploitations sur les surfaces les plus rapprochées de leur centre

Il y a malheureusement, dans toutes les communes, des cerveaux étroits qui considèrent la propriété comme un droit régalien qui prime tout et qui résistent à tous les remaniements, même les plus avantageux. Il est juste de dire qu'ils sont le plus souvent une infime minorité, mais notre législation leur permettait de tenir la majorité en échec. Il était nécessaire de mettre fin à un pareil état de choses en faisant prévaloir la volonté de celle-ci; c'est à elle qu'il appartient, dans l'intérêt général, de décider s'il y a intérêt pour tout le monde à refaire la Carte agricole de la Commune en procédant au remembrement général.

Cette réforme capitale, indispensable, vient heureusement d'aboutir; le Parlement, sur la proposition de mon excellent collègue, le Docteur Chau-

veau, qui a déployé une si énergique persévérance
pour la solution du double problème de la machine
et du remembrement, a voté, le 27 novembre 1918,
une loi qui en assure la réalisation

Cette loi, applicable à l'ensemble de la France a
été accompagnée d'autres mesures prises dans
l'intérêt de nos malheureux départements envahis
dont la situation comportait l'emploi de moyens
exceptionnels, le bouleversement systématique des
terres par un ennemi impitoyable ayant fait disparaître tous les bornages Là le remembrement
s'impose et une loi spéciale confie tous les pouvoirs nécessaires pour y procéder à des commissions départementales et communales où tous les
intérêts sont représentés

Il importe au plus haut degré que le remembrement réussisse dans nos malheureuses régions
dévastées, si on veut entraîner le reste de la
France

C'est de là que devra partir l'étincelle qui ga-
gnera tout le pays et qui fera surgir partout l'idée
du remembrement général Quand on verra dans
les autres départements les merveilleux résultats
obtenus dans nos départements envahis, on voudra
partout les imiter et c'est ainsi qu'insensiblement
se reconstituera la carte agricole de la France en
même temps que la valeur du sol se relèvera
comme par enchantement

Mais, c'est précisément parce que le remembrement est appelé à jouer un si grand rôle dans
l'œuvre de notre reconstitution qu'il faut regarder
bien en face les difficultés considérables que va
rencontrer cette réforme capitale, les lois qui
viennent d'être votées seraient impuissantes à les

surmonter, si nos, agriculteurs n'en comprenaient
pas l'utilité et ne se prêtaient pas à leur application.

Elles vont se heurter à des habitudes invétérées
et à une mentalité particulière du paysan français
dont il faut toujours tenir compte quand on essaie
de la redresser directement ou indirectement. Il
faut le dire à son honneur, il ne tient pas seulement à la Terre, comme dans tant d'autres pays,
pour le profit matériel qu'elle lui procure, pour
son rendement, il y tient parce que c'est sa terre à
lui, sa chose et comme une partie de lui-même.
Quand c'est la terre des ancêtres, ce sentiment est
encore plus vif et plus profond

Si respectable qu'il soit, il faut cependant que ce
sentiment s'incline aujourd'hui devant la force des
choses et le moment est venu sur ce point, comme
sur tant d'autres, de faire comprendre à nos agriculteurs que le remembrement général est une des
conditions essentielles de notre reconstitution
agricole sans laquelle la misère finirait par frapper
à nos portes et à nous imposer les plus cruelles
privations

Sur ce terrain-là on peut aborder nos agriculteurs et être compris d'eux, mais c'est une œuvre
de longue haleine et il faudra, pour l'accomplir,
entreprendre une campagne de propagande sur
tous les points du territoire. Elle ne devra pas
être la même partout et il sera nécessaire qu'elle
soit conduite par des hommes d'une grande compétence et d'une haute autorité ; il faudra qu'elle
prenne toutes les formes . la conférence, la presse,
les brochures, les tracts et même les cinémas.

Quand l'opinion sera suffisamment préparée, il

restera à se mettre résolument à l'œuvre partout pour refaire la configuration du sol de la France. On sera alors très probablement amené, quand on se trouvera en face des difficultés pratiques de l'opération, à compléter et à améliorer la loi elle-même qui, dans certains cas, serait impuissante à résoudre toutes celles qui vont surgir. Elle a laissé en suspens de nombreuses questions, telles que la situation du fermier dont les intérêts peuvent être sacrifiés par le remembrement, et celle des mineurs, qui est bien souvent un obstacle aux moindres changements, si on s'en tient aux règles absolues de notre Code. C'est une des raisons avec bien d'autres qui nous conduira très probablement à reviser notre législation successorale, et il faudra s'en féliciter.

*
* *

Cette réforme, comme tant d'autres, est malheureusement aussi à longue échéance, et ne peut nous procurer tout de suite, par l'emploi généralisé de la machine sur des exploitations d'un seul tenant, le supplément de main-d'œuvre dont nous avons le plus pressant besoin. Nous nous trouvons ainsi ramenés à notre point de départ, c'est-à-dire à la recherche des éléments nouveaux qui pourraient momentanément remplacer les travailleurs qui nous manquent en attendant l'arrivée des nouvelles générations.

Une première réponse se présente tout de suite à l'esprit : pourquoi ne pas faire appel à l'étranger? Nous étions déjà entrés largement dans cette voie avant la guerre. Les statistiques nous apprennent qu'en 1912 il y avait en France 54 000 ouvriers agricoles étrangers sédentaires dont : 19 000 Italiens, 13 000 Belges, 11 000 Espagnols, 4000 Suisses A ces ouvriers permanents, domiciliés, il faut ajouter les ouvriers dits « saisonniers » qui ne venaient qu'à la période des grands travaux, on ne comptait pas moins de 40 000 Belges dans la région du Nord, 20 000 Espagnols dans les régions viticoles ; plus tard sont venus les Polonais qui attéignaient déjà le chiffre de 6000 avant la guerre Il suffirait, nous dit-on, de faire un appel pressant à ces catégories de travailleurs et de leur offrir des avantages particuliers pour puiser à pleines mains dans l'immense réservoir des étrangers toujours ouvert.

Malheureusement cette solution, d'apparence si séduisante, se heurte à de nombreuses objections La principale, c'est qu'à la fin des hostilités, la plupart de ces grands réservoirs se trouvent, eux aussi, taris par la guerre La malheureuse Belgique aura besoin de faire appel à tous ses enfants pour se reconstituer et il ne faut plus compter sur son excédent de population. L'Espagne, elle, aura une raison inverse pour garder ses travailleurs ; elle a tellement profité de la guerre au point de vue économique qu'elle pourra leur faire des avantages suffisants pour les retenir chez eux et les empêcher d'émigrer

Avant l'effondrement russe il nous restait la main-d'œuvre polonaise qui commençait à affluer et qui pouvait nous apporter des suppléments inespérés de travailleurs ; le courant d'émigration polonaise se dessinait de plus en plus de notre côté et on le voyait monter à vue d'œil Il est à prévoir, et nous ne pouvons que nous en réjouir, que la nouvelle Pologne, enfin libre et maîtresse de ses destinées, prendra un essor industriel et agricole qui absorbera presque toutes ses disponibilités de main-d'œuvre

L'Italie seule, qui a été moins éprouvée que nous et qui a fait revenir, lors de la mobilisation plus de 600 000 de ses nationaux qui vivaient à l'étranger, pourra-t-elle mettre à notre disposition une partie de sa main-d'œuvre surabondante. C'est plus que douteux; car, elle ne songe aussi qu'à accroître sa puissance d'expansion économique.

Il ne reste plus alors que la main-d'œuvre exotique, celle des jaunes surtout, celle des Chinois qui seraient d'excellents ouvriers agricoles, car le Chinois a le culte de la terre. Mais l'introduction de la race jaune dans nos fermes rencontre une résistance de sentiment invincible, elle s'est affirmée tout récemment dans une grande consultation provoquée par la Société des Agriculteurs de France au sujet de l'introduction de la main-d'œuvre jaune. Sur 140 syndicats consultés, tous sauf 8, s'y sont montrés nettement hostiles.

Et maintenant nous pouvons conclure. Cette revue rapide, ce tour du monde en raccourci n'est rien moins que rassurant et il est dès à présent certain que les ressources en main-d'œuvre étrangère qui s'offriront à nous au lendemain de la guerre seront de beaucoup inférieures à ce qu'elles étaient auparavant Sans doute il faut y renoncer moins que jamais et fouiller partout pour les augmenter dans toute la mesure du possible; mais ce n'est pas de ce côté que nous pouvons

compter sur un secours suffisant et surtout immédiat

*\
*

Il nous reste heureusement une source de main-
d'œuvre disponible, qui est bien à nous et excellente, la main-d'œuvre coloniale, qui nous a déjà
rendu tant de services. Il semble d'abord qu'elle
puisse suffire à combler tous les vides et que nous
n'ayons qu'à puiser dans ce vaste réservoir pour y
trouver tous les suppléments de bras dont nous
pouvons avoir besoin. Avec les Algériens, les Tuni-
siens les Marocains, les Africains, les Malgaches,
les Annamites, nous avons sous la main une armée
de travailleurs presque inépuisable

Certes, nous pouvons, nous devons compter sur
elle et c'est à elle qu'il faudra recourir dans
toute la mesure du possible. Beaucoup de nos
vaillants frères d'armes sont déjà acclimatés et il
faudra les accueillir à bras ouverts; mais ils ne
peuvent malgré tout constituer qu'un appoint mo-
mentané et limité dont il ne faudrait pas exagérer
l'importance et cela pour de nombreuses raisons.

La première, c'est que nos admirables troupes
coloniales, qui ont été d'un loyalisme égal à leur
courage, ont laissé sur tous les champs de bataille,
comme nous, l'élite de leurs travailleurs et qu'on
ne peut pas demander à ceux qui ont survécu de ne
pas rentrer dans leur pays[1]. Nous le pouvons d'au-

---

1 Il ne faut pas oublier que nos colonies ont pu fournir plus
de 900 000 hommes a nos armees, il ne faut pas non plus perdre
de vue que si la surface de nos colonies est immense, elle est
peu habitée et que la densité de la population y est tres faible

tant moins qu'ils sont appelés chez eux à l'accomplissement d'une tâche glorieuse qui sera pour eux une nouvelle manière de témoigner leur attachement à la France Le moment est en effet venu de mettre en pleine valeur notre domaine colonial, trop longtemps négligé, et nous avons besoin pour cela du concours complet et plus actif que jamais des indigènes Ce sont eux qui pourront nous fournir, au lendemain de la guerre, les suppléments d'alimentation dont nous aurons un besoin pressant et qui feront sortir de notre magnifique domaine colonial tous les trésors que nous y laissons enfouis : le blé, le riz, le maïs, les huiles, le coton, la laine, le bois, sans parler des richesses du sous-sol

A cette raison, il faut en ajouter une autre. Nous ne pouvons pas oublier que le travail agricole. même le plus ordinaire, comporte une adaptation spéciale qui n'est pas à la portée de tout le monde. Le travail des champs, chez nous surtout, 'exige, même chez le simple ouvrier, une éducation particulière qui le différencie profondément du travail sommaire et superficiel de la terre aux Colonies On peut faire aisément d'un Colonial un ouvrier d'industrie; on n'en fait pas aussi aisément un ouvrier agricole

Pour toutes ces raisons nous estimons que l'apport de main-d'œuvre coloniale sur lequel nous pouvons légitimement compter et auquel nous

Quand elle atteint 75 habitants par kilomètre en France, elle n'est que de 22 en Indo Chine, de 12 en Tunisie, 5 à Madagascar, 3 en Afrique Occidentale et Equatoriale Aussi, on n'y entend partout que des cris de détresse sur la pénurie de main d'œuvre qui empêche d'exploiter le sol et toutes nos richesses coloniales

sommes du reste d'avis de faire le plus large appel
possible, ne saurait malgré tout suffire à combler
les vides laissés par la guerre dans les rangs de
nos travailleurs agricoles.

*
* *

Au point où nous sommes arrivés, nous pouvons
faire l'addition approximative des contingents disponibles de travailleurs actuels sur lesquels il sera
possible, au lendemain de la guerre, de mettre
la main ; en extrayant de chacune des catégories
que nous venons de passer en revue, agriculteurs
démobilisés, ouvriers et petits employés de la ville,
ouvriers étrangers et coloniaux, tout ce qu'il sera
possible d'en obtenir, on arrivera certainement à
un total respectable et qui nous permettra de faire
face aux nécessités les plus pressantes, à celles que
nous appellerons de la première heure.

Mais ce ne sera pas suffisant pour remettre en
culture toutes nos terres abandonnées ou négligées
et il faudra continuer nos recherches dans la même
voie, en fouillant tous les coins et recoins où il sera
possible de dénicher des bras inocccupés pour les
faire entrer en ligne. Nous entrons ici dans un domaine tout nouveau où nous allons sans doute nous
heurter à notre esprit timoré et ennemi des har-
diesses. Ce que nous allons proposer n'a cependant rien de téméraire ni d'imprudent ; il suffit
pour s'en convaincre de jeter les yeux autour de
nous, dans des pays foncièrement agricoles qui, ne
trouvant pas par les moyens ordinaires un nombre
suffisant d'ouvriers agricoles professionnels, ont
tourné la difficulté en créant ce qu'on pourrait

appeler une main-d'œuvre agricole volante et en imposant le travail agricole à des catégories de citoyens auxquels on est en droit de l'imposer.

Passons en revue quelques-unes de ces combinaisons.

***

Nous rencontrons d'abord une grande armée, l'armée des vagabonds ; elle a une triste réputation dans nos campagnes qu'elle exploite impunément On évalue à plusieurs centaines de mille ces êtres errants qui vont d'un village à un autre et qui dépistent audacieusement la police et la gendarmerie. Dans les régions écartées, ils sèment la terreur autour d'eux et bien souvent les municipalités n'osent pas les dénoncer dans la crainte de vengeances redoutables

Nous avons, il est vrai, une loi qui punit le vagabondage, mais elle est la plupart du temps inappliquée, et quand elle l'est, c'est presque toujours parce que le vagabond le veut bien, il a bien soin de se constituer prisonnier en hiver pour se procurer ainsi, sans travailler, le vivre et le couvert

Il y a longtemps que, dans d'autres pays, en Belgique, en Hollande, en Allemagne, on a résolu le problème en envoyant les vagabonds dans des Colonies agricoles pénitentiaires où on les emploie au travail de la terre. Un voyageur revenu d'Allemagne, où il avait voyagé à petites journées avant la guerre, racontait qu'il n'avait rencontré ni un mendiant ni un vagabond Il est piquant de constater que les nomades étrangers se moquaient de leur législation en passant la frontière pour nous

faire l'honneur d'exercer leur profession chez nous,
qui se confondait souvent avec celle d'espion

Mon honorable collègue, Eugène Flandin, avec
sa haute expérience de magistrat, a déposé un
projet de loi qui institue pour la France un régime
analogue à celui de nos voisins. Il propose que le
vagabond incorrigible soit interné dans une Colonie de travail pour une durée de deux années au
moins et de cinq années au plus Ceux d'entre eux
qui feront preuve d'assiduité au travail pourront
être confiés, pendant la période des travaux agricoles, à des cultivateurs s'engageant à leur allouer
une rétribution égale à celle des ouvriers de la
région.

Il est désirable que le Parlement statue le plus
vite possible sur la question et qu'il dote la France
d'un régime qui procurera, d'abord à l'agriculture,
une grande quantité de bras, en même temps qu'il
diminuera le nombre des nomades sans travail,
des vagabonds irréductibles; le véritable résultat
d'une telle législation ne sera pas seulement de
mettre des milliers de bras de condamnés à la disposition de l'agriculture, ce sera de fermer la plaie
du vagabondage en rendant à l'activité nationale
plus de 200 000 vagabonds qui aujourd'hui courent
les routes et se cachent partout sans qu'on puisse
les dépister

*
* *

Mais la réforme n'aura de valeur et d'effet utile
qu'autant qu'elle sera précédée de celle de notre
police rurale elle-même qui est inexistante. Il y a là
encore une de ces faiblesses administratives dont

nous souffrons tant et qui contribuent pour une large part à l'exode rural Tous les maires de nos villages sont unanimes à la dénoncer et réclament depuis longtemps une protection efficace contre les nuées de vagabonds dangereux qui les exploitent et les menacent Le garde champêtre n'est pas fait pour cette besogne là et il ne faut lui demander que ce qu'il peut faire, la police locale Il n'existe qu'un moyen de nettoyer les campagnes de cette écume, c'est de créer partout des brigades volantes de gendarmerie qui patrouillent du matin au soir; il n'y a plus une minute à perdre si on veut rétablir la sécurité dans nos villages sans laquelle il ne faut pas songer au retour à la terre[1]

*
* *

Dans le même ordre d'idées, nous ferions bien également d'emprunter à d'autres pays une organisation qui a fait ses preuves et qui n'est pas non

1 Le gouvernement annonce l'intention de déposer un projet de loi qui propose une autre solution et sur lequel il provoque l'avis des municipalités, il consiste a dessaisir les maires de leurs pouvoirs de police, à quelques exceptions pres, et à les transférer aux préfets et sous préfets Dans les communes rurales le garde champêtre serait supprimé et on constituerait au chef-lieu de canton une brigade de cinq à dix gardes qui se partageraient la surveillance du canton

Nous doutons fort que cette combinaison soit bien accueillie Il est d'abord à prévoir que les maires ne consentiront pas aisément à être placés sous la coupe d'un brigadier de police qui leur parlerait en maître, les conflits seraient de tous les jours Ajoutons que ces agents locaux seraient vite dépistés par les malandrins, tandis que les brigades volantes que nous avons en vue et qui pourraient tomber partout à l'improviste feraient plus sûrement et plus rapidement le nettoyage nécessaire sans toucher aux attributions des maires

MÉLINE   8

plus à dédaigner. Elle consiste à utiliser certaines
catégories de condamnés de droit commun en formant avec eux des équipes qui pourraient défricher
et exploiter des espaces considérables. Ce serait
un moyen de tirer parti de nos 5 millions d'hectares de landes et de pâtis qui sont encore à l'état
inculte et qui représentent une énorme richesse
latente

Pour se faire une idee des résultats que pourrait
donner une opération de ce genre, il suffit de faire
un agréable voyage en Suisse et de se transporter,
dans le canton de Berne, sur les bords des jolis
lacs de Neuchâtel et de Bienne, dans un pays qui
s'appelle Witzwil Il y avait là de vastes terrains
marécageux dont personne n'avait songé à tirer
parti. Ils étaient presque abandonnés quand l'Administration du canton de Berne, désireuse d'éloi-
gner de Berne la prison cantonale, eut l'heureuse
idée de procéder à la réforme de son régime pénitentiaire en utilisant le travail des détenus à des
travaux agricoles, ce qui avait le double avantage
de les moraliser avant de les rendre à la Société et
de réaliser en même temps une économie qui, avec
le temps, pouvait devenir une source de bénéfices
considérables

C'est ainsi que le canton de Berne a été amené à
acheter, sur les bords des deux lacs, plus de
1350 hectares de terres dont il a fait un domaine
agricole sur lequel il a installé une Colonie pénitentiaire

La Colonie, qui avait débuté avec 20 détenus, en
compte aujourd'hui plus de 300. Ils appartiennent
à toutes les professions : ce sont eux qui ont construit tous les bâtiments et qui font tous les travaux

d'entretien   serrurerie, forge, ferrage des chevaux, etc., il y a des maçons, des électriciens, des
cordonniers Il y a également des bouchers et des
boulangers. Les autres travaillent à la terre et
mettent le domaine en valeur ; ceux-là sont consi-
dérés comme les plus favorisés et choisis parmi les
meilleurs

Le régime est du reste très rigoureux et la dis-
cipline très sévère Les gardiens travaillent dans
les champs avec les prisonniers et leur donnent le
bon exemple. Tous sont chaussés de sabots très
lourds, ce qui rend les évasions difficiles. Le
pénitencier reçoit des détenus dont la peine varie
de deux mois à 4 ans.

Les bénéfices de l'exploitation sont considérables
et de beaucoup supérieurs aux frais d'entretien des
détenus Pour en donner une idée, il nous suffira
de dire que le troupeau appartenant à l'exploitation
se compose de 800 têtes de gros betail, sans compter
50 chevaux et 350 porcs, et que la production du
lait qu'on transforme en beurre et en fromage est
en moyenne de 2000 litres par jour.

Dans d'autres pays, en Belgique notamment, on
rencontre une organisation du même genre qui a
aussi pleinement réussi.

C'est dans cette voie que nous devrions entrer
résolument après la guerre en réformant à notre
tour notre régime pénitentiaire qui nous coûte plus
de 40 millions et qui ne fabrique qu'une armée
d'ennemis de la Société. Nous ne sommes pas
obligés d'aller tout de suite aussi loin que la Suisse
pour faire grand, mais nous ferions bien de suivre
son exemple et de nous acheminer dans la même
direction Pourquoi ne pas décider, par exemple,

que, pour certains délits et pour une première condamnation, le détenu sera en principe, si son état physique le permet, envoyé dans une Colonie agricole ordinaire S'il récidive, on pourrait l'interner dans une Colonie plus sévère ou dans une prison, où il lui serait permis de s'amender pour retourner à la terre La relégation, qui nous coûte près de 10 millions et qui n'a donné que de tristes résultats, pourrait être remplacée par l'envoi dans une Colonie pénitentiaire agricole du Sud Algérien ou Tunisien.

Le résultat de la réforme serait de mettre à la disposition de l'agriculture, en faisant d'eux des travailleurs agricoles, la plus grande partie des 35 000 détenus de nos maisons d'arrêt qui perdent leur temps à confectionner des chaussons de lisières ; ils ne coûteraient rien ou presque rien à l'Etat et ils augmenteraient la richesse nationale.

CHAPITRE VIII

LES VIEUX ET LES JEUNES

Tous au travail ‖ Transformation du régime de l'école primaire pendant la période des travaux des champs ‖ Refonte des programmes d'enseignement ‖ Principe des nouveaux programmes, former l'esprit de l'enfant, l'intéresser aux choses de la terre ‖ L'enseignement de plein air ‖ Les États-Unis : la fête des arbres, la fête des oiseaux ‖ Notre enseignement agricole fait pour les états majors seulement ‖ La législation nouvelle, transformations profondes ‖ L'enseignement post scolaire, les écoles saisonnières et ménagères. ‖ Les bibliothèques rurales ‖ L'histoire de la commune ‖ Résultats pour l'avenir de la nouvelle éducation, changement de mentalité de la jeunesse, relèvement de la profession agricole, son attraction ‖ Pépinière de jeunes agriculteurs instruits ‖ Les instituteurs ruraux, leur spécialisation ‖ Les pupilles de la Nation et les enfants de l'Assistance publique

Nous venons de passer la revue de tous les hommes forts et valides, de tous les bras vigoureux qu'on peut recruter partout pour les faire converger en masse vers la mise en valeur complète du sol de la France et nous nous sommes bien gardés d'un optimisme béat qui pourrait être suivi de dangereuses désillusions. Il vaut mieux voir les choses comme elles sont que de s'aveugler volontairement et nous n'avons pas dissimulé que même en faisant un effort énorme de ce côté nous resterions encore au-dessous de nos besoins les plus pressarts en main-d'œuvre pendant un certain nombre d'années.

Mais nous n'avons pas tout dit encore et nous n'avons pas épuisé la série des combinaisons qui nous restent ouvertes pour sortir de la crise que nous traversons. Il en est une dernière qui peut nous être d'un grand secours.

Nous n'avons pas fait entrer dans nos calculs deux éléments de la population placés aux deux extrémités de la vie, qu'on pourrait mettre au dernier plan avant la guerre, mais qu'il faut aujourd'hui utiliser résolument, ce sont les vieux et les jeunes qui ont fait si superbement leur devoir pendant la guerre et qui ne demandent qu'à continuer.

Aujourd'hui, il n'y a plus de vieux, il ne peut plus y en avoir ; car il faut que tous les Français travaillent désormais jusqu'à leur dernier jour. Seuls les malades et les infirmes ont le droit de se croiser les bras Les autres ont un devoir impérieux à remplir jusqu'aux portes de la mort ; il faut qu'ils donnent à la France, jusqu'à la fin, tout ce qu'ils ont de force physique, tout ce qui leur reste d'intelligence et de volonté. Qu'ils n'oublient pas, s'ils étaient tentés de faiblir, qu'ils ne font que payer leur dette aux héros qui ont sauvé la France du déshonneur et de la ruine.

Ils ont tout fait pour gagner la guerre et on ne peut pas douter d'eux pour gagner la paix. Ils ne feront qu'achever l'œuvre qu'ils ont si bien commencée et qu'ils ont accomplie avec une modestie égale à leur courage. On aurait dit qu'ils voulaient se faire pardonner d'être vieux. Combien sont morts à la peine, qui auraient mérité la croix de guerre, car leur intrépidité ne s'est pas dé-

mentie un seul instant. Quand aux heures difficiles,
il y a eu du flottement dans l'air, ils n'ont pas
hésité une minute et, courbés sur leurs charrues,
ils n'ont jamais cessé de crier : « En avant ! »

*
* *

Après les vieux, les jeunes, et c'est à ceux-là
qu'il faudra de toute nécessité, dans nos campagnes, demander provisoirement un apport de
travail différent peut-être, mais aussi soutenu que
celui qu'ils ont fourni pendant la guerre.

Les États-Unis, qui ne font rien à moitié, ont
tout de suite, dès qu'ils sont entrés en guerre à nos
côtés, compris le parti qu'ils pouvaient tirer des
enfants et ils ne se sont pas attardés comme nous
aux petits moyens. Ils ont, dès le premier jour,
pour faire face aux besoins immédiats, et assurer
la culture des terres, au fur et à mesure du départ
des hommes valides pour la France, libéré les
enfants des écoles pour la période des travaux
des champs Ils les ont, sans hésiter, organisé en
équipes de travail et leurs journaux nous ont
appris qu'ils venaient en un clin d'œil de mettre sur
pied une armée de plus d'un million de petits travailleurs qui ont fait d'excellente besogne. Comme
nous sommes restés loin d'eux avec nos tâtonnements, nos timidités, notre prétention de mener
toujours de front l'enseignement à l'école et le
travail des champs, comme si, quand le feu est à la
maison, tout le monde ne devait pas courir aux
pompes !

Aujourd'hui que la guerre est finie, nous sommes
en face des mêmes difficultés et il faut pour les

résoudre, recourir aux mêmes moyens et même à
des moyens plus puissants; d'où la nécessité de
refondre de suite l'organisation et le programme de
nos écoles rurales pour les mettre d'accord avec
les besoins de l'agriculture qui priment tout.

Nous considérons d'abord comme indispensable
de donner à l'avenir des congés aux enfants des agriculteurs pendant la période des travaux des champs,
selon les régions, pour leur permettre d'aider leurs
parents dans la mesure de leurs forces et de
leur petite capacité professionnelle. Pourquoi les
garder tous les jours prisonniers sans tenir compte
des saisons et des nécessités de la vie agricole ?
Autant il est naturel de les faire travailler en
classe pendant tout l'hiver, autant il paraît absurde
de les tenir étroitement emprisonnés tout l'été,
surtout à l'époque des grands travaux, pendant
lesquels ils pourraient rendre tant de services à
leurs parents et s'instruire en travaillant. Les uni-
versitaires pur sang qui ne rêvent que de bourrer
le crâne des enfants et qui ne trouvent jamais les
programmes assez chargés ne manqueront pas de
protester contre ce recul de la civilisation. Mais
qu'ils se rassurent. Nous n'entendons pas faire de
nos petits villageois des ignorants, nous voudrions
seulement leur donner une autre et meilleure instruction qui les retiendrait moins sur les bancs de
l'école et qui les instruirait davantage de ce qu'ils
ont besoin de savoir.

La partie agricole du programme d'enseignement primaire, qui est si essentielle pour la formation des jeunes agriculteurs de l'avenir est d'ailleurs à revoir et à refondre en entier Le caractère
même de cet enseignement a été aussi mal compris

que possible On voudrait dégoûter l'enfant de l'agriculture en fatiguant son petit cerveau de notions arides qu'on ne s'y prendrait pas autrement. L'école n'a pas pour mission d'inculquer aux enfants la science de l'agriculture même élémentaire, mais seulement de leur en donner le goût en ouvrant leur esprit sur les problèmes qu'ils peuvent comprendre et surtout sur ceux qui peuvent intéresser leur esprit. Il ne doit être ni technique, ni abstrait, et doit surtout avoir en vue la formation du caractère.

C'est avant tout une œuvre d'éducation accompagnée de leçons de choses destinées à éveiller l'intérêt de l'enfant. La géologie élémentaire qui lui révélera les mystères passionnants de la terre, la botanique qui donnera une vie aux plantes qu'il voit naître, vivre et mourir, la chimie générale qui lui fera entrevoir les miracles opérés par la science au profit de l'agriculture, voilà le roman agricole qu'il faut leur raconter pour passionner leur imagination naissante et leur donner la curiosité des choses de la terre Afin de fixer leurs idées, il faudra y ajouter des sujets de dictées, des narrations et des problèmes puisés dans la vie rurale.

Il faudrait surtout diriger l'esprit des enfants en vue de la fonction que les fils d'agriculteurs sont appelés à remplir, en faisant entrer dans leur tête qu'il est de leur devoir et de leur intérêt de se marier avec la terre

Il est une idée sur laquelle l'instituteur rural devrait revenir sans cesse et qui serait de nature à impressionner le jeune campagnard que peut séduire le mirage des villes. Il ne devrait pas cesser de dire : « Prenez garde et réfléchissez bien

avant de quitter la ferme de vos parents. A la ville
vous aurez peut-être de plus beaux habits et plus
de distractions qu'au village; mais vous ne serez
plus jamais votre maître. Vous resterez toute
votre vie ouvrier ou employé, vous ne deviendrez
presque jamais patron; vous ne vous appartien-
drez plus et au lieu de commander vous serez
forcé d'obéir. »

A la leçon orale il faudra joindre des démonstrations intéressantes dans le jardin botanique qui
devra entourer chaque école et qui sera un champ
d'étude de tous les jours; car l'enseignement agricole primaire doit être avant tout un enseignement de plein air

Il faudrait le compléter et le rendre plus vivant
encore en agissant par tous les moyens sur l'imagination de l'enfant et en l'impressionnant par des
récréations qui se graveraient dans sa mémoire.
Pourquoi n'emprunterions-nous pas à l'Amérique
qui, ici encore, nous donne une leçon de haute
philosophie, cette institution nationale de la fête
des Arbres, célébrée chaque année dans toutes les
écoles de l'Union par les enfants des écoles qui
s'en vont en procession. sous la conduite de leurs
maîtres, planter joyeusement un arbre en forêt ou
en pleine campagne La petite fête est toujours
accompagnée d'une conférence instructive et intéressante sur la beauté et la fécondité des arbres
à fruits, sur les soins à donner aux vergers et sur
l'action bienfaisante de la forêt pour la régularisa-
tion de la température et celle du régime des
eaux, en même temps que sur l'augmentation de
richesse dont le bois est la source

Il est une autre cérémonie plus touchante en-

core, célébrée également aux États-Unis en grande
pompe, c'est la fête des oiseaux. Ce n'est pas une
simple distraction ; c'est à la fois une leçon de
poésie et de haute science agricole. Elle consiste
dans une promenade aussi agréable que possible,
mais surtout dans une série de conférences roulant
toutes sur le même sujet : le rôle des oiseaux,
parure de la nature et surtout collaborateurs les
plus actifs, les plus utiles de l'agriculteur. Car
c'est pour lui qu'ils travaillent jour et nuit en
livrant bataille aux millions d'ennemis invisibles,
insectes ou parasites, qui détruisent ou dévorent
tout ce qu'il sème et tout ce qui pousse.

C'est ainsi qu'on fait entrer dans la tête des
enfants que l'oiseau est un être sacré qu'il faut
protéger à tout prix et il ne viendra jamais à la
pensée d'un jeune Américain de détruire des nids
ou de dénicher des petits oiseaux Ce n'est pas non
plus aux États-Unis qu'on verrait, comme chez
nous, des chasseurs obstinés et aveugles détruire
systématiquement, malgré les lois, les oiseaux les
plus utiles à l'agriculture, sous l'œil bienveillant
de l'Administration.

*
* *

Nous venons d'analyser la première phase de
l'éducation agricole de l'enfant à la campagne,
l'éducation à l'école ; elle n'est en réalité que la
préface du véritable enseignement agricole qu'il est
temps de créer et de mettre à la portée de la
masse de notre jeunesse.

Nous rencontrons ici encore dans son organisation une lacune inexcusable qui explique l'insuffi-

sance d'instruction technique d'un si grand nombre
d'agriculteurs. Quand l'enfant sort de l'école,
l'État ne fait plus rien ou presque rien pour compléter l'enseignement agricole forcément rudimentaire et insuffisant qu'il vient d'y recevoir. Il s'est
borné à organiser avec un soin particulier ce que
nous appellerons l'enseignement agricole secondaire et classique, un enseignement qui lui coûte
cher et qui n'est fait que pour une élite tellement
restreinte qu'il reste sans effet sur la masse. Il n'a
formé jusqu'à présent que des chefs mais très peu
de sous-officiers, encore moins de soldats.

Il y a d'abord nos trois grandes écoles régionales
de Grignon, de Montpellier et de Rennes et au-
dessous d'elles 38 écoles pratiques auxquelles il
faut ajouter un certain nombre d'écoles de spécia-
lités. Sans doute les sujets qui sortent de ces
écoles constituent un État-major d'agronomes, de
professeurs, de spécialistes, d'une valeur indiscutable Mais combien sont-ils? 1400 environ sortant
chaque année de nos 38 écoles pratiques ; chacune
de nos grandes écoles nationales nous en donne 50
et on estime que le contingent total de toutes les
écoles réunies est inférieur à 3000

Si on songe que le nombre des enfants d'agriculteurs au-dessous de 17 ans dépasse un million et
qu'on les laisse sans instruction spéciale, sans
direction, arriver à l'âge d'homme, on reste confondu de l'esprit étroit et de l'aveuglement qui président depuis trop longtemps à la formation de nos
agriculteurs. Au lieu de chercher à créer partout
des pépinières de sujets instruits et exercés, nous
semblons prendre tâche de ne fabriquer que des
mandarins planant au-dessus de la masse ignoran

et s'en désintéressant. A la vulgarisation qui
éclaire tout le monde nous avons substitué la spécialisation qui n'instruit que le tout petit nombre.

Ici encore la guerre a fini par nous ouvrir les
yeux et nous n'en avons pas attendu la fin pour
opérer une réforme complète de notre enseignement agricole populaire La loi du 4 août 1918
votée, après deux très remarquables rapports de
l'honorable M. Plisonnier à la Chambre des Députés
et de mon collègue et ami Viger au Sénat, dote
enfin notre agriculture à la base d'une organisation générale d'enseignement agricole qui ne laisse
rien à désirer.

Après avoir réformé le programme des Écoles
primaires sur les bases que nous venons d'indiquer,
il crée de toutes pièces l'enseignement complé-
mentaire ou post-scolaire qui, dans chaque
commune, peut être donné aux garçons et aux
filles, à partir de 13 ans, pendant 4 ans, à raison
de 150 jours au moins par année, et qui a pour
sanction le certificat d'études agricoles

Cet enseignement ne doit pas être purement
technique Il ne consiste pas à apprendre aux
enfants le métier agricole que leurs parents leur
apprendront mieux que [personne, mais à leur
expliquer le " pourquoi et le comment " des principales opérations agricoles qu'ils pourraient
réaliser par des méthodes de culture plus perfectionnées. L'enseignement du maître devra être
complété par des visites à des fermes modèles ou
à des champs de démonstration.

Enfin, il restera, pour vivifier l'enseignement
post-scolaire et pour en doubler l'attrait, à doter
toutes nos communes rurales d'une très modeste

institution qui n'existe pas aujourd'hui ou qui
n'existe qu'à l'état rudimentaire, celle des Bibliothèques rurales qu'il ne faut pas confondre avec les
Bibliothèques scolaires. Celles-ci sont surtout faites
pour les enfants de moins de 13 ans et ne renfer-
ment d'ordinaire que des livres amusants et insignifiants.

Ce qui manque le plus au village et ce qui serait
le plus nécessaire pour la formation et l'éducation
de la jeunesse rurale, c'est une variété de livres,
à la fois sérieux et attrayants, destinés à instruire
les enfants de la campagne et à les intéresser aux
choses de la Terre en parlant en même temps à
leur imagination, à leur cœur. Le rêve serait, et
il est facile à réaliser, que dans chaque ferme, les
longues soirées d'hiver soient consacrées à des
lectures d'ouvrages agréables et instructifs d'où
se dégagerait sous toutes les formes comme un
parfum de la Terre, qui charmerait, après les rudes
travaux de la journée, la famille réunie autour du
foyer. Le laboureur se coucherait plus gaiement en
songeant à tout ce qui vient de l'amuser ou de le
passionner.

Notre ambition va plus loin encore. Au tout
premier rang de ces bibliothèques modèles nous
voudrions voir figurer un livre spécial qui contien-
drait en quelque sorte les titres de noblesse de
chaque commune. Ce serait l'histoire de la commune elle-même sous la forme d'une monographie
résumant depuis son origine tous les événements
importants qui ont marqué son développement.
En faisant passer sous les yeux des jeunes l'ombre
des anciens, on souderait ainsi les nouvelles générations à celles qui les ont précédées.

A ceux qui voudraient consulter un modèle du genre pour s'en inspirer, nous conseillons la lecture d'un chapitre du beau livre de M. Gabriel Hanotaux, *l'Énergie Française*, qui fait si bien ressortir la vigueur ancestrale de la race française et sa ténacité indomptable sous une apparente frivolité Il y a dans le livre un chapitre dont le titre bien modeste, *le Village de Beaurieux*, ne laisse pas soupçonner la profondeur Rien de plus séduisant, de plus passionnant même que l'histoire de ce modeste village de l'Aisne qui est en raccourci l'histoire de la France elle-même aux grandes périodes de son évolution.

Combien ce simple récit doit être empoignant pour les villageois de Beaurieux Rien n'empêcherait de faire le même essai dans la plupart de nos Communes et il est à ma connaissance qu'il a déjà été tenté dans mon département où il a pleinement réussi Il n'est pas nécessaire pour cela de recourir à un grand écrivain ; on trouvera toujours un notable assez instruit pour lui confier la tâche glorieuse de faire revivre les morts de la commune, et puis il y aura l'instituteur de demain qui sera l'homme du village où il achèvera sa carrière et qui sera l'historien tout indiqué pour le faire revivre et le parer de ses belles actions

Pour compléter l'enseignement post-scolaire qui devra de préférence être donné le soir, il sera institué des écoles d'hiver ou saisonnières, fixes ou ambulantes, qui auront pour objet de donner aux jeunes agriculteurs qui ne peuvent pas passer des années dans les écoles pratiques une véritable instruction professionnelle

La loi nouvelle réalise un autre progrès non

moins important en organisant l enseignement
agricole pour les filles, si négligé jusqu'à présent,
par la création de cours post-scolaires, d'écoles
superieures d'enseignement ménager et d'écoles
ménageres fixes ou ambulantes

Quand toutes ces réformes seront accomplies et
appliquées aux millions de jeunes gens et de jeunes-
filles qui arrivent à la vie. quand la nouvelle éducation agricole sera répandue partout et qu'elle enve-
loppera l enfant jusqu'à son entrée dans la vie, il
est facile de prévoir l'immense transformation qui
va se produire dans le monde agricole

Le premier résultat d'une évolution qui substituera
aux abstractions creuses et vides de nos programmes actuels les réalités intéressantes de la science
appliquée a l agriculture et de ses merveilleux
résultats sera de former dès l'âge le plus tendre
de petits agriculteurs en état de rendre de réels
services a la ferme et de devenir deja de véritables
collaborateurs pour leurs parents D une masse
amorphe d'enfants et de tout jeunes gens sans ins
truction agricole serieuse, sans connaissances
profess onnelles, qui, aujourd hui ne peuvent être
que de petits manœuvres, la nouvelle organisation
va faire une armee de jeunes travailleurs ardents
et instruits, dont le rendement sera le double de
ce qu'il était avant la guerre Il faut faire entrer en
ligne de compte pour un chiffre important ce. supplément de main-d'œuvre qui se prépare et qui
pourra atténuer dans des proportions plus conside-
rables qu on ne croit la crise agricole que nous
allons traverser

Ce n'est pas tout, en dehors des fils d agriculteurs deja entres dans la vie agricole il va se

produire dans les autres classes de la société, dans le monde du Commerce et de l'Industrie, surtout dans celui des petits fonctionnaires et employés, un changement de mentalité qui dirigera certainement du côté de l'Agriculture de nouveaux contingents

Tous les jeunes en quête d'une profession qui considéraient l'agriculture comme une carrière de rebut, où on ne se résigne à entrer que lorsqu'on n'en trouve pas d'autres, vont voir de nouveaux horizons s'ouvrir devant eux, quand ils apprendront à l'école qu'il n'est rien de plus intéressant, de plus palpitant d'intérêt que l'agriculture, qu'elle est le centre de toutes les sciences, et que, de plus, l'agriculteur n'a qu'à vouloir pour faire sortir de terre des bénéfices de beaucoup supérieurs à tous les petits traitements, avec, en plus, une vraie indépendance et une vie plantureuse.

C'est ainsi que le nouvel enseignement, s'il est bien compris et surtout bien donné, si les maîtres y mettent leur cœur et leur âme, deviendra bien vite, par la force des choses, l'instrument de propagande le plus actif du retour à la Terre

Il permettra aussi de compléter l'éducation de nos agriculteurs sur des points où elle est pour ainsi dire inexistante. Citons-en un, la Comptabilité, aujourd'hui si indispensable à l'agriculteur qui veut se rendre compte des résultats donnés par l'application des nouvelles méthodes de culture. L'absence de comptabilité est pour beaucoup dans ses hésitations et ses timidités quand on le pousse à des dépenses d'engrais et de machines. S'il savait établir un prix de revient qui lui permettrait de se rendre compte du bénéfice

final de l opération, il serait plus hardi, parce
qu il verrait plus clair[1]

×**

Mais pour que l'enseignement nouveau, si différent de l'ancien, soit bien donné, il faut que nos
instituteurs ruraux et nos institutrices qui vont
en avoir la direction et la responsabilité reçoivent
eux-mêmes une instruction agricole spéciale, à la
fois théorique et pratique, par conséquent beaucoup plus complète que celle qui leur est donnée
aujourd'hui et qu'ils deviennent de vrais professeurs d'agriculture élémentaire. Ils ne seront
bien compris et écoutés qu'autant qu'ils auront
passé une année au moins dans une École pratique d'agriculture où ils prendront le travail en
main. C est à ce prix seulement qu'ils pourront
parler avec autorité aux enfants de la commune et
à leurs parents

Pour que la réforme soit efficace, nous allons
même jusqu'à penser que les maîtres destinés à
donner l'instruction aux enfants de nos villages ne
devraient pas être les mêmes que ceux qui doivent
la donner aux enfants des villes Il devrait y avoir
deux sections d'enseignement différentes à l'École
normale ; l'instituteur ne sera vraiment le défenseur convaincu de l'agriculture et l'apôtre de la
terre que le jour où il saura que c'est à la campagne
qu'il faut qu'il fasse sa vie

1. Nous ne saurions trop recommander à nos agriculteurs la
lecture d'une petite brochure pleine d'idées et de conseils pratiques de M Henry Girard dont le titre dit tout *Cultivateurs,
comptez pour mieux diriger* (Libiairie de la Maison Rustique)

Il va sans dire que cette réforme ne devrait pas se faire au détriment de l'instituteur rural et que les instituteurs, qu'ils soient à la campagne ou à la ville, ayant les mêmes titres et les mêmes services, devront être mis sur le même pied, sauf pour les frais de séjour, en ce qui concerne les traitements. Ils le mériteront bien s'ils accomplissent la haute mission que la Patrie va leur confier en les chargeant de former et d'instruire la jeune armée des agriculteurs de l'avenir qui doit porter la terre de France à son plus haut degré de rendement.

**
*

Nous ne serions pas complets si nous ne faisions pas entrer dans notre recensement général des agriculteurs de l'avenir certaines catégories de jeunes Français sur lesquels nous avons le droit de fonder les plus grandes, les plus belles espérances

Il y a d'abord la légion des pupilles de la guerre, hélas ! si nombreux, qui n'auront d'autre père que l'État, d'autre famille que celle que vont leur donner toutes les Institutions qui seront si fières de les recueillir. Ne les laissons pas prendre par les grandes villes tentaculaires où ils seraient noyés dans la masse et bientôt confondus avec elle. Tâchons de leur conserver leur individualité faite de si touchants souvenirs en leur procurant une profession qui leur donne le droit de relever la tête, parce que tous les yeux seront fixés sur eux.

La profession agricole a cet avantage de mettre celui qui l'exerce en plein relief . au village, on connaît l'histoire de toutes les familles, et si nos poilus tombés au champ d'honneur pouvaient parler, ils demanderaient presque tous, pour ceux qui portent leur nom, une petite maison à la campagne Or il se trouve que ce beau rêve est de tous le plus facile à réaliser, grâce à nos institutions de Crédit immobilier agricole et aux faveurs exceptionnelles que nos lois de guerre accordent à tous les descendants de nos héros.

Aussi, nous ne doutons pas que les tuteurs de ces enfants de la Patrie n'emploient toute leur influence à les diriger du côté de la vie à la campagne C'est ainsi que les fils suivront les traces de leurs pères et reconstitueront la France que ceux-ci ont sauvée

Il est une autre catégorie d'enfants également bien intéressants, — puisqu'ils sont aussi sans famille, — c'est celle des enfants de l'Assistance publique, qui devraient presque tous revenir à l'agriculture, puisqu'ils sont pour la plupart confiés à des familles agricoles et élevés à la campagne

Nous manquons malheureusement sur ce point, pour l'ensemble du pays, de renseignements statistiques précis qui permettraient de savoir ce que sont devenus, dans chaque département, les enfants ainsi placés Pour Paris, nous sommes un peu mieux renseignés sans l'être complètement.

Nous devons cependant au dévouement philanthropique d'un des membres éminents du Conseil général de la Seine, M. Ambroise Rendu, un certain nombre de révélations recueillies par lui et qui ont fait l'objet de communications intéressantes à cette Assemblée

M. Rendu constate que le nombre de ces enfants
va croissant et que la clientèle de l'Assistance publique de la Seine à elle seule ne représente pas
moins de 45 000 enfants trouvés ou abandonnés.
On peut, par ce seul chiffre, se faire une idée de
l'importance considérable de cette catégorie de
petits travailleurs pour l'ensemble de la France.

Ils sont, pour la plupart, élevés à la campagne,
mais combien en conserve-t-elle? M. Rendu avoue
que l'Administration n'en sait rien elle-même. Ce
qui lui fait croire que le plus grand nombre s'évade
de la terre, c'est que ce sont précisément les départements qui ont reçu le plus d'enfants de l'Assistance parisienne qui ont le plus perdu de population agricole, et il cite en exemple les deux
départements de l'Allier et de la Nièvre qui ont
perdu depuis 30 ans 47 000 habitants, pour la plupart ouvriers de la terre, alors qu'ils ont reçu plus
de 18 000 enfants assistés M. Rendu conclut de là
que, dans l'ensemble du pays, l'agriculture perd par
centaines de mille des enfants qu'on pourrait lui
conserver, si l'effort des administrations publiques
se portait de ce côté

Les moyens à employer pour les ramener sont
de différente nature Il faudrait d'abord exercer sur
ces enfants, par une direction bien entendue et
toute paternelle, une influence morale que les fonctionnaires de l'Assistance publique sont incapables
d'exercer. Ils n'ont ni le temps ni l'autorité suffisante pour orienter les enfants dans la vie; et puis,
ils n'ont pas le feu sacré de l'agriculture. Ce sont
nos sociétés d'agriculture qui devraient se charger
de cette mission

Voilà un beau rôle à jouer pour elles; elles de-

vraient donner à chaque enfant un parrain bien
choisi et qui remplacerait le vrai père. Il gagnerait
aisément la confiance des enfants en les protégeant
contre certains abus dont ils sont souvent victimes
et qui expliquent pourquoi ils prennent la terre en
dégoût.

Il y aurait un autre moyen qui serait plus puissant encore, et M Rendu le souligne tout particulièrement : ce serait de constituer aux enfants de
l'Assistance dignes d'intérêt, une dot qui leur permettrait, à leur majorité, d'acheter une petite propriété avec l'aide du Crédit agricole. Il semble que
rien ne soit plus facile que de la constituer par des
retenues sur le salaire de l'enfant que l'Assistance
est en droit d'exiger de l'exploitant à partir de l'âge
où celui-ci fait la besogne d'un véritable ouvrier.
A ces retenues on pourrait ajouter le montant des
dots provenant des dons et legs. Elles sont actuellement misérables, mais il dépendrait des Conseils
généraux de les augmenter.

Par cet aperçu, on peut avoir une idée du vaste
champ de réformes possibles qui pourraient faire
de l'Assistance publique un grand pourvoyeur de
main-d'œuvre agricole excellente et exercée. Voilà
encore un réservoir facile à créer.

*
* *

Nous en avons fini avec l'étude du problème
capital qui, à cette heure, fait l'objet des plus
sombres préoccupations des amis de l'agriculture
et qui semble le plus difficile à résoudre, le problème de la main-d'œuvre indispensable, qu'il
faudra trouver tout de suite, si on veut rendre la

vie à notre agriculture et lui permettre de renaître
de ses cendres

Je ne sais si je me trompe, mais il me semble,
quand je fais impartialement l'addition de tous les
facteurs que je viens d'analyser sans illusion, que
non seulement nous n'avons aucune raison de désespérer, mais même qu'avant peu notre situation
doit être beaucoup meilleure qu'avant la guerre

Au début, nous aurons sans doute moins de
bras, mais ils iront sans cesse en augmentant, et
puis nous aurons des travailleurs plus actifs, plus
instruits et d'un meilleur rendement L'important,
c'est que le recrutement soit bien organisé, bien
surveillé et que les Offices de placement soient à la
hauteur de leur tâche. Ce n'est pas de la bureau-
cratie qu'il faudra faire, c'est de l'apostolat Il
appartiendra à nos Sociétés d'agriculture, à nos
Chambres d'agriculture, quand elles seront consti-
tuées, de prendre, comme dans tous les grands pays
agricoles, la direction du mouvement

C'est une véritable croisade à entreprendre qui
exigera autant de discernement que de dévouement,
il faut que dans chaque arrondissement, dans
chaque commune, se forment des centres de propagande et de conversion à la Terre qui soient sans
cesse en action et qui ne dédaignent pas de faire le
siège des travailleurs agricoles homme par homme
Il n'y a qu'à vouloir et la victoire est certaine

CHAPITRE IX

LES CHEFS D'EXPLOITATION

Leur nombre ‖ Immense majorité des petits exploi tants ‖ Trouée énorme faite par la guerre dans leurs rangs ‖ Comment les remplacer ‖ Exploitation collective des terres par des Sociétés financières ‖ Leur danger et leur insuffisance ‖ Seul mode d'exploitation collective possible Sociétés coopé ratives de culture ‖ Leur rôle, leurs avantages, grands résultats obtenus ‖ Mais elles ne sont qu'un moyen de transition ‖ But a atteindre autant d'agriculteurs que d'exploitations

Après les ouvriers qui tiennent une si grande place dans la production agricole non seulement par leur nombre, mais aussi par leur ascension incessante vers la propriété du sol, nous arrivons à la catégorie la plus importante de la grande armée agricole, à celle qui est vraiment le cœur et l'âme de l'agriculture, celle des états-majors directeurs, des chefs d'exploitation, propriétaires, fermiers et métayers.

Pour se faire une idée de la situation dans laquelle nous allons nous trouver, lorsque, dans chaque commune, on fera l'appel des absents pour toujours, en se demandant qui va prendre leur place, il faut d'abord consulter les statistiques qui font le dénombrement des différentes catégories de la population agricole.

Prenons pour commencer le recensement opéré

en 1911 par le Ministère du Travail ; il nous apprend
que le nombre des patrons du sexe masculin s'élevait au chiffre considérable de 2 872 000 et qu'il
était même supérieur à celui des ouvriers qui ne
dépassait pas 2 406 000

Ce chiffre lui-même a besoin d'être décomposé,
si on veut aller au fond des choses et se rendre un
compte à peu près exact du nombre des patrons
emportés par la guerre. Il résulte de l'enquête faite
par le Ministère des Finances en 1908, comprenant
à la fois les hommes et les femmes, que ce sont les
petits et tout petits patrons qui en constituent
l'immense majorité. 4 millions 610 mille contre
892 000 de moyens et de grands Dans ce total, les
petits propriétaires de moins de 1 hectare sont au
nombre de 2 087 000 et ceux de 1 à 10 hectares au
nombre de 2 523 000.

Il est facile de tirer la conclusion qui découle de
ces données, c'est que ce sont les tout petits et les
petits patrons (propriétaires ou fermiers) qui ont
payé le plus lourd tribut à la guerre et que c'est
dans leurs rangs que les vides seront les plus considérables . d'abord, parce qu'ils sont les plus
nombreux, et ensuite, parce qu'ils ont été presque
tous soldats, étant pour la plupart des hommes
jeunes, vigoureux et rompus aux plus rudes
travaux.

Ce sont eux surtout qui vont nous manquer
demain, quand il faudra remettre en culture tant de
terres abandonnées , car on trouvera plus aisément
des bras que des têtes dirigeantes. La crise que
nous allons ainsi traverser est d'autant plus grave
qu'il ne nous est plus permis de marquer le pas
comme avant la guerre et que nous sommes aujour-

d'hui dans la nécessité de faire un bond en avant
pour assurer notre relèvement économique et financier en doublant notre production.

Pourrons-nous faire après la guerre, quand tout
va manquer, ce que nous avons été incapables de
faire avant? Les agronomes les plus sérieux, les
plus avertis, sont loin de désespérer de l'avenir et
croient tous à la résurrection de notre agriculture,
mais ils sont unanimes à déclarer qu'elle sera
presque impossible tout de suite et qu'il faut nous
résigner à traverser une assez longue période de
transition, précédant le rétablissement complet
des cadres de l'armée agricole, pendant laquelle
nous devions recourir à des combinaisons nouvelles, à des moyens improvisés indispensables.

*
* *

Le premier qu'on met en avant consisterait à
constituer de grandes Sociétés Immobilières et à
réunir provisoirement toutes les terres sans maître
dans un petit nombre de mains, ce qui permettrait
de réduire à la fois le personnel dirigeant et le
travail lui-même. En groupant ensemble, nous
dit-on, 5, 10, 20 exploitations et même davantage,
on économiserait du même coup de 4 à 19 exploitants, et si on pratiquait l'opération en grand sur
toute l'étendue du territoire, on aperçoit tout de
suite les énormes avantages qui en résulteraient

Ce serait, nous dit-on, l'industrie appliquée à
l'Agriculture avec ses moyens tout-puissants, ses
grands capitaux, une direction technique de premier
ordre, une grande économie de frais généraux et
des bénéfices considérables pour les Associés

Le programme est, on le voit, des plus séduisants et bien fait pour convertir les hésitants

Disons tout de suite qu'il n'est qu'un trompel'œil et qu'il présenterait au point de vue de l'avenir de notre agriculture et de l'avenir du pays, des dangers d'une extrême gravité. Le système de la propriété terrienne collective est du nombre de ces sophismes dangereux qu'il faut dénoncer avant qu'ils aient fait leur chemin

Il est d'abord inexact que la culture de la terre en société soit forcément supérieure comme rendement à la culture individuelle ou familiale. On essaie d'assimiler l'agriculture à l'industrie, mais on oublie que l'industrie agricole est précisément celle où l'œil du maître est tout et ce ne sont ni des directeurs, ni des contremaîtres, ni des employés qui peuvent le remplacer

En agriculture, on n'obtient le maximum de résultats qu'en voyant les choses de très près. Il faut que le maître surveille à la fois l'ensemble et les détails Voilà pourquoi on ne peut pas plus remplacer l'âme de l'agriculteur exploitant que celle de l'artiste ; il faut qu'il vive à tous les instants en communion avec son œuvre

L'honorable Président de la Société des Agriculteurs de France M. Pluchet, qui est en même temps un agronome éminent et pratiquant de premier ordre, le rappelait dans une séance de l'Académie d'agriculture en ces termes si justes : « Les travaux si divers de la terre varient à chaque instant, non seulement chaque jour, mais souvent plusieurs fois dans la même journée, suivant les circonstances qui ne dépendent pas de l'exploitant, mais de l'état de la terre, des assolements, de la

variété des cultures et aussi du temps qui, plu-
vieux ici, est sec à quelques kilomètres. »

Après lui un autre agronome, qui est en même
temps un savant et un maître, M. H. Hitier, disait
dans un remarquable rapport à la Société d'expansion économique : « Dans l'usine, l'homme est le
maître du travail, il gouverne en maître la production : qu'il s'agisse de convertir les minerais en fer,
le blé en farine, la laine en étoffes. Tout autre est
la situation de l'agriculteur, qu'il s'agisse pour lui
de produire un sac de blé, une balle de laine, un
kilogramme de viande. La différence tient à ce que
l'homme ici n'est plus le maître absolu des forces
en jeu, mais simplement le collaborateur de la
nature à laquelle revient le principal rôle dans
l'élaboration du produit »

On arrive ainsi à cette conclusion que, pour obtenir le maximum de production en agriculture, il
faut que celui qui dirige soit sans cesse sur la
brèche et qu'il tienne dans ses mains tous les fils
de l'opération, toujours prêt à remplacer celui qui
se casse, dût-il le faire lui-même. Le sentiment
de la propriété individuelle peut seul mettre au
cœur de l'homme ce fonds d'abnégation, cet esprit
de sacrifice qu'exige l'exploitation de la terre; plus
la propriété est modeste, plus ce sentiment est
profondément enraciné.

Le moment serait du reste bien mal choisi pour
compromettre une organisation à laquelle, personne
ne saurait le contester, la France doit son salut,
en substituant l'exploitation collective à l'exploitation personnelle. C'est le soldat laboureur qui a été,
comme au temps de la Rome antique, le rempart
de la Patrie. C'est lui qui a pu, pendant plus de

quatre ans, barrer la route à l'envahisseur en lui disputant pied à pied chaque motte de terre, parce qu'elle incarnait à ses yeux ce qu'il aime de toute la force de son âme.

Mettez à sa place une armée de directeurs techniques et financiers, d'ingénieurs, de contremaîtres, si intelligents, si dévoués qu'ils soient, ayant sous leurs ordres une masse de salariés, travaillant pour le compte d'actionnaires, et concluez qui oserait soutenir qu'une armée ainsi composée aurait fait preuve de la même passion farouche, de la même endurance, du même esprit de sacrifice que nos admirables poilus Rien ne serait plus dangereux pour la France que de s'imaginer que ces vertus ancestrales nous sont désormais inutiles et qu'il suffira de la Société des Nations pour dormir tranquilles et être sûrs de l'avenir

*
* *

Il est une dernière raison qui s'ajoute aux autres pour écarter le système d'exploitation de la terre par de grandes sociétés financières. Si on entrait dans cette voie, on préparerait la rentrée en scène de la socialisation de la terre qui fut pendant longtemps le thème favori du parti collectiviste. C'est à elle que Jaurès consacrait en 1897 à la tribune de la Chambre un de ses plus mémorables discours parlementaires qui n'était qu'un long réquisitoire contre la féodalité terrienne. Il attira à la tribune M. Paul Deschanel qui, dans une réponse d'une dialectique écrasante, et qui ne laissait rien dans l'ombre, pulvérisa toute l'argumentation du grand chef collectiviste, ce qui lui valut les honneurs de l'affichage.

M. Deschanel prit en main la défense de notre paysan français, tel qu'il a été formé par les siècles et pétri par la terre avec laquelle il s'est identifié Sa conclusion reste encore aujour'hui la formule la plus limpide et la plus vraie de l'organisation de la propriété en France : « ' ᵢ 'rité, disait-il, c'est que la richesse et la puissance d'un pays sont le résultat de l'équilibre et de l'harmonie entre la petite, la moyenne et la grande propriété, et à ce point de vue, la France, par sa position géographique, par la nature de son climat et de son sol et par son histoire même jouit d'une situation privilégiée entre tous les peuples. »

Mais, si nous sommes d'avis qu'il faut renforcer, dans l'agriculture, pour le lendemain de la guerre, au lieu de l'affaiblir, le sentiment de la propriété individuelle, nous sommes les premiers à reconnaître la difficulté, pour ne pas dire l'impossibilité qu'il y aura, dans les jours qui vont suivre la démobilisation, à rester dans la stricte application des principes Sans doute il faut les sauvegarder, mais on peut, pendant la période de transition, leur donner une autre forme, une forme provisoire qui ne durera que le temps nécessaire pour revenir à la règle.

Il y a certainement quelque chose à faire pour faciliter à la masse de nos agriculteurs le passage du ; 'ed de guerre au pied de paix et pour les aider à ᵥ aveiser la crise qui sera la conséquence fatale de la réduction du nombre des exploitants. On va se trouver en face de femmes, d'enfants, de vieillards incapables de continuer ou de reprendre les

exploitations dont les chefs auront disparu, en face
même de propriétaires non agriculteurs qui ne
pourront trouver ni fermiers ni métayers

*
* *

Il existe heureusement un moyen de venir à leur
secours sans les exproprier : c'est la Société coopérative de culture, cette admirable forme de l'association qui met tous les associés sur le même pied,
en conservant à chacun ses droits essentiels, et
en mettant toute la puissance de l'Association au
service des coopérateurs La coopérative laisse, en
effet, à tous la propriété de leur terre si le coopé-
rateur veut cultiver lui-même celle qu'il lui a
apporté, il peut le faire comme délégué de celle-ci
Les sociétaires de la coopérative peuvent égale-
mert être employés par elle comme directeurs,
régisseurs et même ouvriers. Il est impossible de
trouver une forme d'union d'une plus grande souplesse et qui respecte davantage les droits des
associés ; aussi grandit-elle tous les jours et on
peut prédire sans crainte de se tromper qu'elle
porte dans ses flancs tout notre avenir économique
Son adaptation à la nouvelle situation que nous
a créée la guerre s'est faite tout de suite et elle a
donné les résultats qu'on en pouvait attendre. Elle
a commencé dans les premières années de la guerre
par nos malheureuses régions du Nord, voisines
de l'ennemi
Là, l'organisation coopérative s'imposait : sans
elle ces régions seraient restées pour des années
un véritable désert : comment demander à des
agriculteurs placés sous le canon de l'ennemi, sou-

mis à toutes les emprises de l'autorité militaire,
qui n'avaient plus ni main-d'œuvre, ni attelages,
ni engrais, de rester seuls à la tête de leur culture
et de suffire à tout quand ils manquaient de tout
Mais les hommes du Nord sont des hommes d'action et de décision et ils eurent bien vite pris leur
parti Ils se groupèrent par commune ou par canton dans la Somme, le Pas-de-Calais, l'Aisne,
la Marne, et constituèrent des sociétés coopératives de culture à la tête desquelles se placèrent
avec un courage indomptable les chefs des grandes
associations agricoles, qui sont ainsi parvenus, au
milieu de mille difficultés, à entretenir en culture
un grand nombre d'exploitations, c'est à eux certainement que les malheureuses populations de
ces régions ont dû de ne pas mourir de faim

Mais la raison d'être des coopératives de culture,
qui n'ont été qu'un essai dans les territoires voisins de l'ennemi, est devenue aujourd'hui une impérieuse nécessité pour nos malheureux départements
libérés où la sauvagerie d'un ennemi impitoyable
a ajouté aux dévastations déjà si effroyables de
la guerre la destruction systématique de tout ce
qui était resté debout. Là, il n'existe plus rien de ce
qui constitue une exploitation agricole, pas même
les limites ; c'est le chaos d'avant le déluge

Tout le monde se serait sauvé devant un tel spectacle, si des hommes de cœur n'étaient parvenus à
remonter les courages en se mettant à la tête des
désespérés et en leur proposant de chercher dans
l'Association, dans l'union de tous les bras et de
toutes les intelligences, les moyens de surmonter
les difficultés, les impossibilités du moment, par
le recours à des moyens nouveaux

Et le premier moyen qui est apparu tout de suite, comme le levier tout-puissant de l'avenir, a été la mise en commun des terres pour en tirer tout le parti possible au profit de chacun jusqu'au jour où chacun pourrait reprendre son bien et rentrer enfin chez lui dans une terre reconstituée.

Mais, aujourd'hui, la question des coopératives de culture ne se pose plus seulement comme une combinaison indispensable pour réparer les désastres de la guerre dans les régions dévastées L'expérience qui en a été faite dans le Nord s'est poursuivie dans le reste de la France et c'est encore la guerre qui l'a provoquée en retirant à la masse de nos agriculteurs presque tous leurs moyens de culture, la main-d'œuvre, les attelages, les engrais et les machines Mis en face de cette situation désespérée, les agriculteurs du Centre et du Midi sont arrivés tout de suite à la même conclusion que ceux du Nord, c'est que l'Association seule était capable de sauver ce qui pouvait être sauvé en groupant les instruments de travail, et en diminuant dans des proportions considérables les besoins de main-d'œuvre

Le premier département qui ait fait, en dehors de la zone des Armées, l'application de la méthode coopérative a été celui de la Haute-Garonne dont l'organisation est un véritable modèle Son initiateur M Couzinet, qui s'est donné tout entier à l'œuvre nouvelle, avec un sens pratique égal a son dévouement, a commencé par provoquer la création de 7 coopératives de culture particulières dont il a confié la direction à un comité départemental surveillant les opérations et réglant la marche financière de l'entreprise

Malgré des difficultés innombrables, des déceptions et des surprises de toute sorte, les résultats
obtenus ont dépassé toutes les espérances
M. Tardy, Inspecteur général du Crédit agricole
chargé du contrôle des coopératives et qui les a
suscitées partout, a communiqué ces résultats à
l'Académie d'Agriculture dans ses séances du
8 Juin 1918 et 8 Janvier 1919. Il a constaté que les
1700 hectares de terres admises par les coopératives,
en y comprenant même celles qui n'avaient pas
encore pu être mises en culture, avaient donné un
bénéfice correspondant à 6 pour 100 du capital estimé
1 486 000 francs Ce qu'il importe de noter en passant,
c'est que la Direction, pour porter la main-d'œuvre
à son maximum de rendement, n'a pas hésité à
associer les ouvriers et employés aux résultats de
l'opération en les comprenant pour une proportion
de 20 pour 100 dans la répartition des bénéfices

M. Tardy a complété son analyse du mouvement
des coopératives de culture en y ajoutant des renseignements précis sur les organisations analo-
gues qui se sont successivement créées, dans le
Gers, l'Eure-et-Loir, la Dordogne, la Vienne,
Vaucluse, la plaine Forézienne, l'Orne. Nous
relevons dans son analyse si intéressante un chiffre
d'une éloquence saisissante. Une propriété appartenant à un membre d'une des coopératives qui
n'avait pas trouvé preneur à 50 000 francs en 1915
a été vendue 120 000 francs en 1918.

On le voit, l'idée coopérative se répand partout
comme une traînée de poudre et elle ne s'arrêtera
plus. Il suffira de mettre sous les yeux des esprits
timorés ou retardataires les faits et les chiffres
pour avoir raison de toutes les résistances et géné-

raliser le mouvement C'est ainsi que les coopératives de culture sont destinées à devenir la clef de voûte de notre reconstitution agricole et un des plus puissants moyens d'atténuer la crise de main-d'œuvre partout où elle paraîtra insoluble.

**

Mais, si les coopératives de culture sont un excellent moyen de transition, elles ne sont pas une solution définitive et quelque extension qu'on leur donne, elles ne représentent, malgré tout, qu'un petit côté de la grande opération qui consiste à remettre en culture non seulement les terres abandonnées mais tout le sol de la France en le portant à son maximum de production

Les coopératives sont sans doute un expédient excellent pour doubler le cap de la démobilisation, mais elles ne peuvent pas suffire à tout et seraient incapables de remplacer longtemps la masse des exploitants qui nous manquent Les hommes de dévouement qui les dirigent ne pourraient pas du reste continuer indéfiniment une œuvre philanthropique qui les arrache à leurs affaires personnelles

Il ne faut pas oublier qu'un des avantages des coopératives de culture est précisément de permettre à ceux qui y entrent d'en sortir aussitôt qu'ils sont en état de reprendre leur exploitation, c'est-à-dire le plus tôt possible La liquidation de celles-ci est donc inévitable à un moment donné et il faudra de toute nécessité que notre agriculture rentre dans sa vie normale qui est d'avoir autant d'agriculteurs qu'il y a d'exploitations.

Les coopératives ne nous en donneront pas un

de plus et nous nous trouvons ainsi ramenés pour
les chefs d'exploitation comme pour les ouvriers
au même et unique problème : comment, par quels
moyens faire surgir de nouveaux agriculteurs
capables de remplacer ceux qui sont morts au
champ d'honneur ou qui ne peuvent plus travailler?

On en désespérait presque à la veille de la guerre
tant le mouvement de désertion de la terre parais-
sait irrésistible et il semble bien que la prétention
de reconstituer aujourd'hui une nouvelle armée
agricole soit le comble de l'illusion.

———————

CHAPITRE X

NOUVEAUX CONTINGENTS DE CHEFS D'EXPLOITATION
L'ASSURANCE AGRICOLE

FACILITÉS DE RECRUTEMENT ‖ MENTALITÉ CREEF PAR LA GUERRE ‖ LES MALADES DE LA GUERRE ‖ LES PUPILLES DE LA NATION ‖ BOULEVERSEMENT DES CONDITIONS MATÉRIELLES DE LA VIE ‖ L'ALIMENTATION PRIMERA TOUT AVANTAGES DES RURAUX ‖ L'INDUSTRIE LA PLUS LUCRATIVE, L'AGRICULTURE ‖ AUGMENTATION CERTAINE DU REVENU ET DE LA VALEUR DE LA TERRE ‖ NÉCESSITÉ D'ASSURER A L'AGRICULTEUR LA SÉCURITE ‖ L'ASSURANCE GÉNÉRALISEE ‖ SES DIFFERENTES FORMES

La vérité, c'est que le problème serait insoluble s'il n'y avait pas un fait nouveau, un fait énorme, qui s'appelle la guerre et qui a creusé un tel abîme entre le passe et l'avenir que tous les raisonnements de la veille n'ont plus de valeur. Nous serons demain en face d'une double révolution, révolution dans les espirts, dans la mentalité générale, et révolution dans la situation matérielle, dans les moyens d'existence pour l'immense majorité des Français, qui bouleverseront toutes les conditions de la vie

Et d'abord, après la formidable secousse qui pendant quatre années a ébranlé tous les cerveaux, il se produira, dans toutes les classes de la Société, un besoin de détente des nerfs et de repos d'esprit qui s'accommodera mal de l'agitation fiévreuse des

villes et qui ne trouvera de vraies satisfactions que
dans la vie au grand air et la solitude de la nature.

Les premiers qui se sentiront attirés à l'agriculture nous viendront de l'armée ; ce seront d'abord
nos glorieux blessés dont beaucoup ne pourront
pas retourner à l'industrie et aux professions sc den-
taires et qui seront en état de conduire avec leur
famille une petite exploitation rurale. La mécano-
thérapie rurale a fait de tels progrès et accomplit
tous les jours de tels miracles que le problème de
la réadaptation agricole peut être considéré comme
résolu. Le nombre des blessés capables de se
livrer aux travaux agricoles les plus rudes ou les
plus délicats augmente tous les jours [1].

Il y aura aussi les malades, en plus grand nombre qu'on ne croit, les tristes victimes de ces terribles maladies qui marchent toujours à la suite des
armées, l'affreuse tuberculose, les affections
typhoïdes et nerveuses de toute nature qui font
souvent, hélas ! plus de victimes que le canon et
qui vont continuer à miner les corps les plus
robustes. Contre cet ennemi de tous les jours, il
n'existe qu'une défense décisive, c'est le travail au
grand air avec une alimentation saine et la vie de
famille. L'expérience a démontré qu'avec un pareil
traitement bien suivi, on arrive à de véritables

---

1 Il faut citer comme des modèles du genre la station de
physiothérapie agricole organisée à Grignon par M. le député
Verlot et l'œuvre considérable du docteur Bergonié, de Bor-
deaux, qui a été le plus ardent promoteur du système et qui,
avec la foi d'un apôtre, a trouvé le moyen de créer dans la
18e région militaire quinze stations qui ont fourni aux agriculteurs de la région d'innombrables ouvriers empruntés à toutes
les ambulances, a la fin de décembre 1918, ces différentes sta
tions avaient produit 282 000 journées de travail

résurrections On ne trouvera jamais pour les tuberculeux qui ne sont pas incurables de sanatorium comparable à celui de la maison rurale, elle a le double avantage de procurer aux victimes de la terrible maladie le milieu ambiant le plus favorable à son traitement, en leur assurant le plus sûr de tous les remèdes, l'isolement et le repos moral, en même temps qu'elle les préservera de la redoutable influence d'un milieu empoisonné.

C'est dans cette voie qu'il faudrait orienter le régime de défense qu'on cherche en ce moment ; il vaudrait infiniment mieux que ces grands camps de malades qui ne peuvent être que des foyers de contagion et un véritable supplice pour les pensionnaires eux-mêmes

C'est aussi de l'armée que nous viendra un appoint dont l'influence ne se fera pas sentir tout de suite mais qui constitue pour l'avenir une réserve de forces incomparable, nous voulons parler des enfants de nos glorieux poilus morts au champ d'honneur, de ceux que la nation a adoptés et décoré du beau nom de pupilles de la nation. L'État aura de grands devoirs à remplir vis-à-vis d'eux et, pour les bien remplir, il devra s'imprégner pour chaque enfant de l'esprit du père lui-même qui, s'il avait été là au lendemain de la guerre, aurait certainement voulu faire de son fils un homme de travail et d'action, utile à la Société plutôt qu'un intellectuel.

L'honorable M. Léon Bérard, rapporteur de la loi à la Chambre des Députés, a insisté avec force sur ce point comme l'honorable M. Perchot, rapporteur au Sénat . « Nos intentions seraient singu-

lièrement trahies, a dit M. Bérard, si notre loi
aidait à multiplier, au préjudice des champs et des
ateliers, la clientèle du baccalauréat ». Qu'il nous
soit permis de compléter ce commentaire en
ajoutant que la vie des champs, qui a le grand avantage de réunir le milieu de travail et le milieu de
famille, offre le maximum de garantie pour l'éducation et la santé des malheureux enfants abandonnés.

*
* *

Il ne reste plus qu'à convertir les jeunes à la terre
en aplanissant toutes les difficultés devant eux et
en préparant leur esprit par une éducation spéciale
De ce côté toutes les mesures ont été prises pour
leur faciliter l'accès de nos nouvelles écoles d'agriculture dont l enseignement sera un vrai plaidoyer
pour la terre. S'ils hésitent à y entrer, il suffirait
de leur faire entrevoir, comme couronnement de
leurs études, la petite ferme qui sera la réalisation
de leur rêve et qu'il sera si facile de leur procurer
au moyen de nos nombreuses caisses de crédit
agricole et immobilier.

Cette récapitulation sommaire des éléments que
l'armée pourra fournir à l'agriculture pour combler
les vides faits par la guerre dans les rangs des
agriculteurs est déjà grandement rassurante ; mais
l'armée aura été tellement décimée que ce qu'elle
pourra nous rendre sera, hélas ! bien insuffisant
pour faire face aux immenses besoins de personnel
dirigeant qui vont se faire sentir partout au fond
de nos campagnes. C'est donc dans la masse de la
population qu'il nous faudra puiser demain les con-

tingents supplémentaires indispensables à notre
reconstitution agricole

Ainsi se pose à nouveau, dans des conditions
véritablement angoissantes, l'éternel problème du
retour à la terre, qui, avant la guerre, n'était pour
la France qu'une question économique, mais qui
est devenu aujourd'hui, par le crime allemand,
la condition indispensable du relèvement de la
France, le seul moyen de lui épargner les dangers
et les horreurs de la misère.

Disons-le tout de suite pour nous rassurer, si le
problème est aujourd'hui plus étendu et plus com-
pliqué, il est aussi sous beaucoup de rapports infiniment plus facile à résoudre Avant la guerre,
dans la lutte engagée entre la ville et la campagne
qui en fait le fonds, c'était la ville qui avait de
beaucoup l'avantage, ce qui fascinait alors le rural
et l'arrachait à la terre, c'étaient avec les gros
profits en argent les plaisirs de toutes sortes, les
théâtres, les cafés, la toilette La vie matérielle y
était aussi plus raffinée qu'au village, la nourriture
plus variée, la cuisine mieux faite Le paysan qui
apportait ses denrées sur le marché était regardé
de haut par le citadin, qui croyait lui faire beaucoup d'honneur en les lui achetant

La guerre a changé tout cela pour longtemps,
peut-être pour toujours Le seul chapitre de l'alimentation deviendra pour les ménages urbains, qui
étaient hier au large, le problème le plus angoissant surtout pour les familles nombreuses A lui
seul il absorbera tous les bénéfices des professions
modestes qui seront insuffisants pour y faire face,
les petits rentiers seront plus malheureux encore
et obligés de gagner leur vie

Combien sera différente la vie de l'homme des champs, du petit et même du tout petit propriétaire ou fermier vivant de sa terre et ayant tout en abondance sans rien débourser.

Quant aux plaisirs de la ville, il n'en faut plus parler; on y songe moins depuis qu'il faut consacrer tout ce qu'on gagne aux nécessités les plus urgentes de l'existence et à la plus urgente de toutes, celle de la nourriture. Il n'y a guère que le rural qui aurait aujourd'hui assez d'argent pour s'amuser à la ville, et, comme il ne sera plus obligé pour cela, nous l'espérons, de quitter son village, il est permis de penser qu'il ne songera plus à le déserter.

Enfin il n'est pas douteux que la profession agricole va devenir infiniment plus lucrative que la plupart des professions de la ville. L'industrie agricole entre dans une phase toute nouvelle, sous le rapport du profit, qui fera tomber beaucoup des objections qui, avant la guerre, l'avaient discréditée en la plaçant dans une situation inférieure à celle du petit commerce, de la petite industrie et des emplois de toute sorte. Malgré tout ce que les pouvoirs publics avaient fait pour elle, les gains de nos agriculteurs restaient bien maigres en comparaison de ceux qu'on pouvait obtenir à la ville, et cela avec un travail plus dur et des risques plus grands.

Mais demain l'évolution se fera en sens inverse et on la sent venir. Les bénéfices agricoles seront doublés, triplés même, à la condition bien entendu que nos agriculteurs s'engagent dans les voies que nous venons d'indiquer et qu'ils substituent la production intensive à la production mi-

nimum en ne reculant devant aucun progrès
Comme la hausse des produits alimentaires se
maintiendra longtemps encore après la guerre,
elle assurera à nos agriculteurs une moyenne de
bénéfices proportionnellement supérieurs à ceux
de la plupart des autres professions.

Les améliorations introduites dans les conditions de la production agricole auront une autre
conséquence d'une importance capitale : ce sera
l'augmentation de valeur certaine de l'instrument
de travail lui-même, de la terre, qui se relèvera
dans la proportion des bénéfices réalisés annuelle-
ment, si bien qu'on pourrait presque dire que la
fortune viendra à l'agriculteur en dormant Un no-
taire me contait récemment qu'ayant à mettre aux
enchères deux petites fermes estimées 6000 francs
environ avant la guerre, elles avaient dépassé le
prix de 9000 francs. En Normandie on évalue
l'élévation moyenne du prix des propriétés rurales
depuis la guerre à 30 pour 100 en moyenne

*
* *

Mais il ne faut pas s'enivrer trop vite et si on
veut que le relèvement de la valeur de la terre se
maintienne et même s'accentue, il faut prendre
toutes les mesures nécessaires pour éviter un recul
possible. Il serait inévitable, à un moment donné,
si l'industrie agricole restait dans l'état inorga-
nique où elle se trouvait à la veille de la guerre
sur des points essentiels

Il en est un sur lequel nous croyons devoir insister parce qu'il constitue une des causes qui contribuent le plus à la désertion et par conséquent à

la dépréciation de la terre Si l'industrie agricole
est lucrative, elle est malheureusement une des
plus aléatoires, elle expose l'agriculteur à des
risques infiniment plus nombreux et plus graves
que la plupart des autres branches de production ;
quand celles-ci sont bien établies, quand leur prix
de revient est bien fixé et leur clientèle assurée,
elles donnent presque chaque année les mêmes
résultats et les inventaires, s'ils sont plus ou
moins satisfaisants, sont rarement des inventaires
de ruine.

Toute autre est la situation du malheureux agriculteur. Son revenu n'est trop souvent qu'un mirage et il n'a que l'embarras du choix pour les
accidents inévitables dont il est menacé. Une
année, c'est la grêle qui s'abat sur sa région, dé-
truisant tout sur son passage et le mettant en véritable état de faillite Une autre année, c'est la gelée
totale ou partielle qui ruine toutes ses espérances
Enfin il y a les maladies de toute sorte qui déci-
ment sans cesse son troupeau et qui l'atteignent
dans son capital et son revenu

L'ensemble de ces risques désolants est en
grande partie cause du découragement d'innombrables agriculteurs, et ceux qui ont suivi de près
les mouvements de désertion de la terre ont pu
constater que c'était bien souvent au lendemain de
catastrophes de ce genre qu'on voyait les jeunes
générations de nos villages se sauver en masse
vers la ville sous le coup de la terreur et du désespoir.

Comment pourrait-il en être autrement ? Les
statisticiens les plus dignes de confiance n'évaluent pas à moins de 100 millions les pertes an-

nuelles de l'agriculture par les orages, la grêle,
la gelée, l'inondation, l'incendie, les pertes de
bétail

On arrive ainsi à cette conclusion que, si, on
veut ressaisir l'agriculteur et le garder pour toujours, il faut trouver le moyen de le rassurer en
le garantissant d'avance, dans toute la mesure du
possible, contre les conséquences ruineuses qui
peuvent résulter pour lui des accidents les plus
imprévus.

Heureusement ce moyen est découvert depuis
longtemps et il est décisif quand il est bien appliqué ; c'est l'assurance sous toutes ses formes. Sa
diffusion est, à notre avis, après celle de la propriété, le moyen tout-puissant qui s'impose pour
arrêter la désertion de la terre et activer la reconstitution de notre agriculture.

Nous avons eu le tort de ne pas porter sur ce
point une attention suffisante alors que dans la
plupart des grands pays agricoles, elle a fait l'objet
d'une législation spéciale et très complète dont
nous ferons bien de nous inspirer quand nous
dresserons le bilan de notre réorganisation économique

Nous ne nous dissimulons pas les difficultés de
l'opération. Elles sont si grandes qu'on n'a jamais
essayé de les aborder de front ; il est certain que le
risque en matière agricole est tellement vaste,
tellement dispersé d'une part, et tellement énorme
d'autre part, quand il porte sur des accidents qui se
chiffrent souvent par millions, que les assureurs
sont difficiles à trouver Les capitaux privés se
risqueront toujours difficilement dans des entreprises aussi périlleuses, et c'est ce qui explique le

petit nombre de sociétés particulières d'assurances
agricoles qu'on peut recenser en France.

Quand on va au fond des choses, on aperçoit
tout de suite qu'en pareille matière, il n'existe
guère que deux assureurs assez puissants pour
assumer un pareil risque, l'État ou les agriculteurs
eux-mêmes organisés en Sociétés mutuelles d'assurances.

L'assurance par l'État est séduisante en soi et
ce serait une façon très simple de résoudre le problème en le supprimant. L'État peut faire tout ce
qu'il veut avec l'argent des contribuables et il n'est
pas douteux qu'il pourrait être le meilleur et le
plus généreux des assureurs ; il n'aurait qu'à puiser
à pleines mains dans les caisses du trésor pour
satisfaire tout le monde. Mais, c'est précisément
là qu'est le danger et la grave objection qui ruine
le système. La tentation serait trop grande pour le
gouvernement d'exagérer la générosité ; elle serait
plus grande encore pour les partis au pouvoir qui
se serviraient de lui pour se faire une clientèle en
favorisant leurs fidèles ; l'expérience du passé en
pareille matière n'est pas de nature à nous rassurer
sur son impartialité.

Sans doute, s'il n'existait pas d'autre moyen que
l'assistance par l'État pour résoudre le problème et
venir en aide aux victimes d'accidents impossibles
à prévenir, on pourrait hésiter à la repousser ; mieux
vaudrait encore une répartition inégale et défec-
tueuse des indemnités que le refus de tout secours
aux malheureux agriculteurs en détresse.

Mais la question ne se pose pas ainsi et nous ne
sommes pas enfermés dans le dilemme du tout ou
rien ; il existe heureusement entre l'abandon total

des sinistrés et l'arbitraire de l'État un système in-
termédiaire, c'est l'assurance par les agriculteurs
eux-mêmes, l'assurance mutuelle, qui concilie tous
les intérêts et leur donne en même temps le maximum de garanties.

Il n'existe pas de forme d'assistance plus parfaite
et plus sûre. Personne n'est plus riche que tout le
monde, et si les agriculteurs le voulaient bien, ils
pourraient en s'unissant, moyennant un sacrifice
annuel relativement peu important, se garantir les
uns les autres, au moins pour la plus grande partie,
contre tous les accidents dont ils sont victimes a
tour de rôle On peut tout obtenir dans cette voie,
à une condition cependant, c'est que chacun ait la
compréhension de l'intérêt général en même temps
que de l'intérêt particulier et que tout le monde
s'assure ; plus les assurés sont nombreux, plus le
risque s'éparpille et plus la contribution de chacun
diminue.

Malheureusement l'idée — et surtout la pratique
de la mutualité — ne sont pas encore suffisamment
comprises par la masse de nos agriculteurs, et sur
ce point, leur éducation est à faire presque en entier. En ce qui concerne les assurances notamment,
on rougit vraiment de constater que, dans un grand
pays agricole comme le nôtre, on ne compte pas
plus de 13 000 Sociétés d'Assurances Mutuelles ;
les plus nombreuses sont celles contre la mortalité
du bétail et elles ne dépassent guère 9000. Les Sociétés d'Assurances contre l'incendie et les risques
agricoles qui viennent ensuite n'atteignent que le
chiffre modeste de 3600. On n'ose pas aller plus
loin, quand on arrive à 21 Sociétés d'Assurances
contre la grêle, à 66 Sociétés de Réassurances,

enfin à 65 Sociétés d'Assurances contre les accidents du travail

La misérable subvention de 1 pour 100 de la
perte subie pour le bétail accordée par l'État à tous
les sinistrés non assurés est une pure aumône qui
n'apporte aucun soulagement à ceux qui la reçoivent et qui a le grand inconvénient d'affaiblir l'esprit d'assurance en laissant croire à la masse des
agriculteurs que c'est l'État qui a la charge de se-
courir les victimes d'accidents agricoles, qu'il est
l'assureur légal. Il est inconcevable qu'il accorde
ses faveurs à ceux qui ont manqué de prévoyance
alors qu'il devrait au contraire les réserver exclusivement à ceux qui ont fait un effort personnel, en
s'assurant si peu que ce soit.

*
* *

Mais tout cela, c'est le passé, un passé qui est
heureusement à la veille de disparaître ; les pertes
formidables que l'agriculture vient de subir ont
ouvert tous les yeux et il n'est pas un agriculteur
qui ne comprenne aujourd'hui qu'il ne peut pas se
risquer dans les grandes dépenses indispensables
pour préparer les riches récoltes de l'avenir, s'il
n'est pas sûr de rentrer au moins dans ses frais de
production.

Pour y parvenir plus aisément et plus sûrement,
il serait sage et pratique, croyons-nous, de parta-
ger les risques et de les diviser ; car il paraît difficile, pour ne pas dire impossible, tant ils sont
considérables, de les faire supporter à une seule
partie. Il nous semble que la répartition la plus
équitable, la plus efficace, pourrait consister à

mettre d'abord la plus forte part de la perte à la charge de l'Assurance; l'État resterait dans son rôle en intervenant sous la forme de subventions aux Compagnies Enfin l'assuré devrait à son tour supporter une partie de la perte, qu'il ferait entrer dans ses frais généraux, ce qui l'obligerait à être prévoyant et à tout faire pour prévenir les accidents.

L'indemnité pourrait du reste être totale ou partielle, selon la nature du risque, il est certain par exemple que l'assurance contre les accidents de la gelée, si fréquents, si considérables et en même temps si difficiles à apprécier, ne pourrait pas être traitée comme l'assurance sur la mortalité du bétail et on comprend qu'elle affecte plutôt la forme d'un secours que celle d'une indemnité totale.

Le jour où un pareil système serait bien établi, avec les précautions que nous venons d'indiquer, l'agriculteur jouirait du maximum de sécurité compatible avec la nature de son industrie ; sans doute il resterait encore exposé à l'aléa des bonnes et des mauvaises années, mais il n'aurait plus de ces années ruineuses et accablantes dans lesquelles il perd tout sans compensation ; il retrouverait cette sécurité relative, cette tranquillité d'esprit, qu'il poursuit dans ses rêves depuis si longtemps et sa réconciliation avec la terre serait alors sincère et définitive.

CHAPITRE XI

VERS LE BONHEUR

L'intérêt matériel, le profit ne sont pas tout dans le choix d'une profession ‖ La recherche du bonheur prime tout ‖ L'agriculteur obéit a la loi commune ‖ Les conditions du bonheur varient pour chaque catégorie de la population ‖ Le confort, minimum du bonheur. ‖ Nourriture et logement. ‖ Infériorité du village pour le logement. ‖ Transformations nécessaires et possibles dans les habitations rurales et dans les villages ‖ L'eau potable et l'éclairage électrique ‖ L'architecture du village ‖ Le village modèle ‖ Exposition de Gand ‖ La reconstruction de nos villages détruits ‖ La vie au village les distractions et les amusements ‖ Le cinema ‖ Le foyer des campagnes ‖ Conclusion ‖ Reflux de la ville a la campagne ‖ Les petits commerçants, les petits employés et les petits fonctionnaires

Nous croyons avoir établi que, du côté de l'intérêt pur, du bien-être matériel et des bénéfices, l'agriculture va bénéficier d'une situation privilégiée qui devra créer à son profit un très fort courant de nature à entraîner les désenchantés de la Ville et les jeunes générations.

Mais, quand on creuse le problème plus profondément, on ne tarde pas à s'apercevoir qu'on n'est pas si près du but qu'on pourrait le croire, parce que la conversion à la Terre se heurte à d'autres obstacles avec lesquels il faut compter et qui suffi-

raient à couper l'élan agricole si on ne parvenait
pas à les écarter.

On oublie trop que l'intérêt matériel n'est pas
tout dans la vie et que la question du retour à la
Terre est d'ordre moral autant qu'économique. Au-
dessus de l intérêt, on pourrait même dire au-
dessus de tout, plane un sentiment irrésistible qui
s'appelle « la recherche du bonheur » et qui est au
fond le grand moteur de l'humanité; il est autrement puissant sur les déterminations de notre
volonté pour le choix d'un profession que le
simple profit.

Nous n'essaierons pas d'introduire ici une étude
philosophique sur les conditions du bonheur
humain. A ceux qui voudraient se faire une idée à
la fois théorique et pratique de ce profond mys-
tère de la nature humaine, nous ne pouvons que
recommander la lecture des ouvrages si attrayants,
si suggestifs, d'un des meilleurs avocats du bonheur, M. Jean Finot; ils en sortiront tout rajeunis.

Sans essayer de rivaliser avec lui, nous nous
bornerons à quelques aperçus bien terre à terre,
comme notre sujet lui-même, sur la conception du
bonheur, tel que le comprennent les différentes
catégories de la population agricole; car cette conception varie forcément d'une catégorie à l'autre,
en raison de l'éducation, de la situation sociale,
du milieu de l'agriculteur lui-même. Nous serons
ainsi amenés à indiquer un certain nombre de
mesures, de réformes qui s'imposent plus que
jamais dans notre organisation agricole.

Pour la masse des agriculteurs comme pour la
masse des humains il y a d'abord un minimum de
bonheur qui se confond avec l'intérêt matériel et

qui consiste dans ce qu'on peut appeler le confort de la vie, c'est-à-dire les satisfactions touchant au bien-être du corps et sans lesquelles il serait impossible de vivre heureux. Les principaux sont la nourriture et le logement.

Nous ne reviendrons pas sur la question de la nourriture, qui est jugée; elle ne laisse plus rien à désirer à la campagne et constitue aujourd'hui pour elle un véritable privilège. Nous n'en dirons pas autant du logement; nous nous sommes déjà expliqués sur le misérable état de celui des ouvriers et domestiques, et nous avons le regret de dire que celui des petits chefs d'exploitation, des fermiers et des métayers, donne lieu à des observations presque aussi sévères.

Il est trop souvent au-dessous de tout dans beaucoup de régions, même dans celles où la richesse est générale : à l'intérieur, des chambres basses de plafond, étroites, mal éclairées, mal ventilées, mal distribuées, voisines de l'écurie ou de la fosse à purin; bien souvent c'est la cuisine qui est le vrai salon. A l'extérieur, un mépris absolu de l'élégance des formes et de toutes les règles d'architecture les plus ordinaires. Rien n'est fait pour le plaisir des yeux : partout règne une absence complète de style, nous entendons le style dans son sens le plus élémentaire.

C'est là cependant un des chapitres les plus importants de la vie agricole, un de ceux qui, dans la plupart des pays, a fait l'objet des améliorations les plus sérieuses. Pourquoi faut-il que nous soyons restés si en arrière sur la route du progrès, et d'un progrès d'une importance capitale! Car personne ne saurait contester que le logement où l'homme passe toute sa vie avec sa famille est l'article 1ᵉʳ du programme du bonheur

La maison de l'agriculteur est une partie de lui-même. A l'intérieur il y cherche d'instinct l'air, la lumière, une installation et une décoration agréables à voir. Pour l'extérieur, sans être un artiste, il n'en a pas moins le sentiment du beau relatif et il désire une construction qui ne déplaise pas à l'œil; s'il en est propriétaire, elle fait son orgueil et il s'y attache d'autant plus.

Il est facile de comprendre le dégoût du jeune agriculteur quand il est placé dans un autre milieu et qu'il peut faire des comparaisons Or il les fait toujours à une certaine période de sa vie quand les obligations du service militaire le transportent de la campagne à la ville. On devine son état d'âme quand il sort de ce milieu élégant pour rentrer dans ces sombres bâtisses où tout fait contraste avec la caserne elle-même aujourd'hui si proprette, si séduisante.

La transformation intérieure et l'embellissement des habitations dans nos villages apparaît ainsi comme une des mesures les plus pressantes, les plus indispensables si nous voulons retenir les générations nouvelles à la campagne et surtout y attirer les habitants des villes.

Nous ne nous dissimulons pas que c'est là une vaste, une immense opération et il faudra forcément procéder à sa réalisation par étapes, en transformant successivement tout ce qui peut l'être. Mais, il est tant d'améliorations qui ne coûteraient rien, presque rien, et qu'on pourrait exécuter de suite et à bon marché. Il faut si peu de chose à la campagne pour faire d'une vilaine maison une habi-

tation agréable. La nature se charge de faire
presque tous les frais de décoration avec des
fenêtres bien encadrées, des plantes grimpantes et
un joli parterre, on peut donner à la plus modeste
ferme un aspect de villa. A quand les concours
d'habitations dans nos villages!

.

On ne pourra pas s'en tenir là et s'arrêter en si
beau chemin : la transformation architecturale de
la ferme serait insuffisante pour nos familles d'agriculteurs, si on n'y jouissait pas à l'intérieur du minimum de confort assuré aux habitants des villes
sur deux points essentiels, l'eau potable et l'éclairage. Ces avantages sont aujourd'hui à la portée
de la plupart des communes de France et nous
serions inexcusables de ne pas réaliser un progrès
si facile.

L'eau potable n'est pas seulement une question
de bien-être, c'est au premier chef une question de
santé et on ne saura jamais combien les mauvaises
eaux ont fait fuir de familles, surtout de familles
bourgeoises, de la campagne. Ce n'est pas que les
eaux de bonne qualité manquent en France, mais il
faut les prendre à la source et les empêcher par une
bonne canalisation, de se contaminer en route.
C'est un travail très simple; malheureusement
beaucoup de communes reculent devant la dépense
d'adduction, qui est quelquefois considérable.

C'est pour faire tomber cette objection que la loi
qui a autorisé les prélèvements par l'Etat sur les
fonds du pari mutuel a affecté une partie de la
recette à des subventions aux communes qui entre

prendraient des adductions d'eau justifiées. Malheureusement cette disposition excellente est restée presque inopérante dans la masse de nos communes, parce qu'il ne suffit pas de faire de bonnes lois, il faut les faire connaître et comprendre pour pousser à leur application.

Il est indispensable que demain la question des adductions d'eaux dans les communes rurales soit considérée comme une question de premier plan et que notre Service des Améliorations Agricoles, aidé par nos Sociétés d'Agriculture, en fasse l'objet d'une étude attentive dans tous les départements Ce n'est pas un cadeau qu'il s'agit de faire aux communes, c'est une œuvre d'intérêt général qu'il faut entreprendre, dans l'intérêt de la population tout entière. Si nous voulons amener des renforts à la Terre, commençons par la rendre habitable.

*
* *

Pour l'éclairage nous avons fait preuve jusqu'à ce jour de la même insouciance, presque partout nous en sommes restés dans nos villages à la bougie ou au pétrole, l'électricité n'a encore pénétré que dans environ 5000 communes rurales, ce qui est lamentable dans un pays qui possède 280 000 kilomètres de cours d'eaux représentant de 8 à 10 millions de chevaux-vapeur, qui permettraient de faire pénétrer presque partout la lumière et la joie à un prix insignifiant. Quelle transformation dans la physionomie de nos villages si on les faisait passer de l'obscurité au grand soleil !

Nous avons dit tout ce qu'on peut attendre de
l'électricité pour remplacer le charbon dans le
fonctionnement des machines, pour la transformation de notre matériel agricole et l'introduction
de l'industrie dans nos villages les plus reculés;
nous n'y revenons pas.

*
* *

Il sera nécessaire d'aller plus loin encore et,
pour permettre au village de jouir de tous ses avantages en face de la ville, il restera un dernier pas à
faire En même temps qu'on travaillera à embellir
la ferme pour procurer à l'agriculteur une existence
aussi agréable que possible dans son intérieur, il
faudra mettre la physionomie générale de la commune en rapport avec les habitations par l'embellissement des rues, des places, des promenades et
des petits monuments qui la décorent. C'est ainsi
qu'on arrivera au village moderne qui sera le dernier terme du progrès.

On le rencontre déjà un peu partout aujourd'hui,
surtout en Suisse et en Belgique et aussi dans
notre chère Alsace où on trouve à chaque pas des
villages qui sont de véritables bijoux. A la veille de
la guerre, l'idée faisait déjà son chemin et avait
donné lieu en Belgique à une magnifique réalisation qui aurait eu certainement un grand retentis-
sement si l'ouverture des hostilités ne l'avait pas
fait oublier. Au mois de juillet 1914 s'ouvrait, dans
la superbe ville de Gand, une grande Exposition
Internationale qui fit le plus grand honneur à nos
amis les Belges et mit en pleine lumière leur esprit
pratique et leur passion du progrès.

La Section Agricole de l'Exposition y était tout
à fait remarquable et pleine d'enseignements ; car
le Belge aime les choses plus que les manifesta-
tions. Aussi le clou de l'Exposition fut-il un village,
construit de toutes pièces, un village modèle, qu'il
faut avoir vu pour se rendre compte de tout ce qui
nous reste à faire pour placer l'Agriculture au premier rang des industries sous le rapport de la perfection du travail et de l'agrément de la vie

Il est désolant que de semblables leçons de
choses ne puissent pas faire le tour du monde ;
mais celle-là n'est pas tout à fait perdue puisque
les plans subsistent avec les notices explicatives et
que les photographies permettent de tout reconstituer.

Bornons-nous, pour en donner une idée, à constater que le village n'était pas un village de carton
ou de simple fantaisie ; c'était un vrai village, un
village complet dans toutes ses parties et immédiatement habitable. Au centre s'étalait à côté d'autres
fermes plus petites, la grande ferme, dite ferme
Moreels, qui résumait tous les perfectionnements
qu'on peut introduire dans une grande exploitation
agricole, aussi bien pour les instruments que pour
la distribution intérieure qui était d'une admirable
simplicité. Nous avons retenu ce détail qu'au centre
de la ferme on avait ménagé un petit cabinet vitré,
formant le bureau du Chef d'exploitation, d'où il
pouvait d'un coup d'œil embrasser et surveiller les
écuries, les granges et même la cuisine. Autour de
la ferme, se rangeaient la maison du jardinier,
celle de l'ouvrier agricole, du forgeron, très
simples, mais très appétissantes.

A côté de la grande ferme modèle, était répartie

une série de fermes moyennes et petites ayant
toutes leur cachet, leur spécialité et une organisation parfaite.

Au milieu du village s'ouvrait une grande place
entourée d'arbres avec une belle fontaine; autour
de la place s'alignaient une jolie église — une
église de style très pur — l'école communale à
grandes baies, complétée par un superbe jardin de
démonstration; enfin une grande salle de conférences pouvant servir de salle de musique ou de
spectacle. J'allais oublier une bibliothèque communale où étaient réunis tous les ouvrages de vulgarisation agricole

A toutes ces beautés architecturales, à la fois si
simples et si attractives, il faut en ajouter une
dernière très significative et de haute portée, qui
était comme un appel au retour à la terre adressé
à la bourgeoisie riche, sous la forme de deux charmantes et élégantes villas, véritables petits paradis
pour les citadins désireux de goûter dans toute sa
plénitude les douceurs de la vie champêtre. Aussi
n'est-il pas un visiteur qui, après avoir parcouru ce
délicieux coin de l'Exposition, n'ait laissé échapper
le même cri : « Qu'il ferait donc bon vivre ici! » et
qui ne soit revenu obsédé par la pensée de trouver
un jour quelque part un nid charmant comme
celui-là pour y boire le bonheur à pleine coupe.

* *
*

Si nous nous sommes appesantis plus particulièrement sur cette partie de notre réorganisation
agricole, c'est parce que la France est aujourd'hui,

par le malheur des temps, mise au pied du mur pour la reconstruction complète de tant de villages que la sauvagerie allemande a détruits de fond en comble. Nos magnifiques départements du Nord et de l'Est vont opérer sur une table rase et ils auront le champ libre comme à l'exposition de Gand pour construire des villages modèles qu'on voudra visiter plus tard comme celui de Gand et qui seront un sujet d'admiration et d'inspiration pour le reste du pays.

Cette transformation est heureusement déjà toute préparée et pourra être mise à exécution du jour au lendemain. La grande Société des Architectes français diplômés présidée par M. Hermant a eu l'heureuse idée, en 1910, d'ouvrir un concours entre tous ses membres pour la reconstruction type de ces villages. Plus de 500 projets sur 1800 ont été primés et seront mis à la disposition des communes et des particuliers, et c'est sur ces purs modèles qu'avec le temps tous les villages de France pourront se transformer.

Le Service des Améliorations Agricoles du Ministère de l'Agriculture facilitera de son côté cette reconstitution par ses conseils et par l'impulsion qu'il pourra lui donner; mais, ce qui est indispensable, nous ne saurions trop le répéter, c'est l'action énergique de l'initiative individuelle et l'intervention persévérante des Sociétés coopératives et de nos Sociétés d'Agriculture auxquelles revient le premier rôle dans le relèvement de nos infortunées et héroïques communes, martyres de la défense nationale.

*_**

Supposons maintenant le village construit, ou reconstruit; il est si beau, si riant, qu'il peut hardiment rivaliser avec la ville pour le plaisir des yeux, et il est permis d'espérer qu'il aura plus d'une fois la préférence des hésitants; mais pour les décider et surtout pour les retenir, il faudra faire un dernier effort et dans ce beau décor introduire comme à la ville un peu de plaisir et de distraction. L'être humain en a besoin pour oublier ses misères, ses tristesses et même son dur labeur; on ne peut pas le condamner à la vie du Trappiste.

C'était autrefois chose difficile et presque impossible d'amuser les populations de nos campagnes; mais aujourd'hui grâce à la facilité des communications qui supprime les distances et aux progrès de la science, la campagne n'a plus rien à envier à la ville et le plaisir peut y prendre mille formes Avec la musique, le chant, la gymnastique, les sports, on peut distraire à bon marché la population de toutes nos communes rurales. Le théâtre lui-même est aujourd'hui à leur portée sous sa forme la plus attrayante, la plus compréhensible, le cinéma, qui demain sera en permanence dans les régions les plus reculées

Il ne sera pas seulement, comme le théâtre, une charmante distraction; il deviendra bientôt, il faut l'espérer, un excellent moyen d'enseignement et de vulgarisation scientifique, qui fera pénétrer dans toutes les têtes, mêmes les plus dures, les notions les plus abstraites. Le gouvernement, les administrations publiques, nos Sociétés d'Agriculture

feront bien de porter leur effort de ce côté; le
cinéma bien compris, bien utilisé, peut devenir
l'instrument d'une des plus rapides évolutions de
la masse rurale, il peut contribuer puissamment à
la transformation de nos méthodes de culture en
même temps qu'il plaidera la cause de la terre en
projetant des jets de lumière sur les splendeurs de
la nature.

Enfin, pour couronner tous ces efforts et assurer
à nos plus petits villages le minimum de vie sociale
indispensable à l'être humain, une autre idée, une
idée nouvelle a surgi qu'il faut mettre en relief
parce qu'elle est une des plus précieuses leçons de
la guerre qui nous en apporte tant d'autres. Les
esprits réfléchis qui l'ont mise en avant sont restés
frappés des merveilleux résultats donnés par certaines œuvres d'initiative individuelle ayant pour
objet, pendant ces cinq terribles années de bouleversement de toutes les conditions de la vie, de
rappeler à nos glorieux poilus le foyer absent et de
leur donner l'illusion de la vie familiale sous sa
forme la plus agréable.

C'est dans cette pensée qu'a été créé le Foyer du
Soldat, cette belle œuvre d'inspiration et de création américaines devenue une véritable institution,
qui mettait à la disposition de nos poilus, soit dans
les cantonnements de repos de la zone des armées,
soit dans les villes de l'arrière, des cercles admirablement aménagés où les distractions abondaient
et où ils trouvaient l'impression « du chez soi »,
qui les arrachait à la fatigue ou à l'ennui. Aussi le
succès a-t-il été immédiat et immense

Il faut prévoir qu'au lendemain de la guerre nos
soldats laboureurs qui auront goûté pendant des

années le charme de cette vie en société et des plaisirs qui l'égayaient, ne retomberont pas, sans une profonde tristesse, dans l'isolement de la campagne; si on ne trouvait pas le moyen de leur procurer l'équivalent de ce qu'ils auront perdu et si on les livrait dans leur village au mortel ennui du désert humain, il est fort à craindre qu'ils ne tournent plus que jamais leurs regards vers la ville et que l'attraction de celle-ci ne les arrache à la terre pour toujours.

C'est ainsi que ceux qui connaissent le mieux le soldat sont arrivés à cette conclusion qu'au lendemain de la guerre il faudrait installer dans nos communes rurales le pendant du Foyer du Soldat, le *Foyer des Campagnes*, c'est-à-dire un cercle d'agrément dont le centre serait formé par les héros de la guerre, autour desquels se masseraient les jeunes et les vieux. L'idée a été lancée par M. Jean Labour, le vaillant rédacteur d'un des journaux du front les plus lus, *l'Horizon*, et elle a déjà fait son chemin. On installerait le nouveau Cercle dans des salles riantes et bien aménagées où on pourrait organiser des réunions, des fêtes, des concerts, des conférences, des représentations de cinémas. Il comprendrait une salle de lectures où se trouveraient en abondance des livres, des journaux, des revues; il serait en même temps pour la jeunesse le centre des sports que les Américains ont introduit dans nos mœurs d'une façon irrévocable.

Sous l'influence de ces groupements nouveaux, l'activité intellectuelle et sociale renaîtrait partout et le village n'aurait plus rien à envier à la ville. Nous considérons ce petit moyen comme un grand

moyen pour transformer la physionomie de nos
campagnes et assurer définitivement le triomphe
de la Terre

*
* *

Nous venons d'esquisser à grands traits le programme de réorganisation agricole et de réformes
de toute nature qui, par leur action convergente,
doivent, avec le temps, transformer complètement
la vie agricole Nous sommes convaincus qu'au
fur et à mesure de son exécution, son attraction se
fera de plus en plus sentir et que le courant agricole ne tardera pas à se dessiner avec une force
croissante dans les différentes couches de la population des villes

Il commencera par celles où, au lendemain de
la guerre, on souffrira le plus et où d'instinct on
cherchera une issue du côté des professions les
plus favorisées. Il y aura d'abord le monde du
petit commerce dont la situation matérielle va devenir si précaire et dont l'avenir s'est singulièrement assombri. Il est permis d'escompter l'évolution profonde qui ne manquera pas de s'opérer
dans sa mentalité.

Il suffit de prêter un instant l'oreille pour entendre aujourd'hui déjà le petit commerçant, quand
on l'interroge sur ses projets d'avenir pour son fils,
répondre sans hésiter : « Tout plutôt que d'en faire
un commerçant; il n'y a plus d'avenir pour nous;
notre clientèle est pour longtemps appauvrie, nos
affaires diminuent tous les jours, les risques ne
font qu'augmenter et puis nous sommes trop nombreux et nous nous faisons une concurrence desas-

treuse[1] Enfin nous sommes pris aujourd'hui, comme dans un étau, entre les grands magasins et les coopératives qui sont en train de nous enlever ce qui nous reste de clientèle, tout cela au moment où l'existence à la ville devient de plus en plus ruineuse. Aussi mon parti est bien pris de finir mes jours à la campagne et de faire de mon fils un agriculteur, je réaliserai mon fonds pour acheter une bonne ferme où j'irai vivre avec lui, en famille et sans souci du lendemain. »

Le petit fonctionnaire, le petit employé tiendront à peu près le même langage et arriveront aux mêmes conclusions sinon pour eux, au moins pour leurs enfants. Il faut bien le dire, la maladie du fonctionnarisme est tellement dans notre sang qu'elle serait restée incurable si la guerre n'était pas venue bouleverser de fond en comble tous les budgets et condamner les plus modestes ménages à des privations voisines de la misère.

Les petits traitements sont devenus de plus en plus insuffisants; sans doute, on les a déjà considérablement relevés, mais on ne les relèvera jamais assez pour faire face largement aux nouvelles exigences de la vie, surtout de la vie en famille. Ce qui est certain en tout cas, c'est qu'ils seront désormais complètement absorbés par les besoins quotidiens et qu'il ne restera plus rien pour le plaisir et pour tout ce qui faisait l'attrait de la ville.

Quel est le père de famille qui, dans ces conditions, pourrait hésiter aujourd'hui sur la direction

---

[1] Faut-il rappeler que les seuls débits de boissons qui étaient déjà en 1869 au nombre de plus de 365 000 sont arrivés en 1913 au chiffre énorme de 482 000, soit un débit pour 82 habitants

à donner à l'éducation de ses enfants ou de quelques-uns de ses enfants, quand il aura mis dans les
plateaux de la balance les raisons qui doivent la
faire pencher du côté de la campagne ou de la
ville

***

La masse de la population a du reste déjà des-
siné ce mouvement de conversion en se jetant
d'elle-même du côté des occupations agricoles
Pour s'assurer contre les privations de toute nature
qui allaient grandissantes pendant la guerre,
chacun a voulu avoir son jardin et même son petit
champ et, aux abords des villes on s'est disputé
les moindres lambeaux de terre pour y récolter un
peu de tout ce qui fait vivre les ménages C'est de
cet instinct profond, véritable instinct de conservation, qu'est sortie cette œuvre des jardins militaires et civils, qui ont eu des débuts si modestes
et qui aujourd'hui sont presque devenus une institution nationale.

Les résultats ont été considérables, plus consi
dérables qu'on ne croit, pour l'alimentation publique, mais ce qui est plus important encore que
les millions de tonnes de produits alimentaires
sortis de terre et qui ont adouci tant de misères,
c'est la mentalité nouvelle inculquée à notre jeunesse et l'heureuse influence qu'elle est destinée à
exercer sur notre avenir agricole

Il y a là un facteur inattendu et tout-puissant du
retour à la terre Quel est le Français qui ne rêve
pas aujourd'hui d'avoir un petit coin de terre bien

à lui, de manger ses légumes à lui, ses fruits à lui, et même sa volaille et ses lapins à lui? Combien j'en ai entendu me dire : « Je n'aurais jamais cru qu'on pouvait trouver tant de plaisir à regarder pousser les petits pois et les pommes de terre et, cependant, c'est comme cela! ».

CHAPITRE XII

RETOUR DE LA BOURGEOISIE A LA TERRE

La moyenne et la grande propriété || Sa situation au début de la guerre. || Propriétaires exploitants, fermiers et métayers || Difficultés d'entente au lendemain de la guerre, crise du fermage et du métayage. || Nécessité pour les propriétaires de prendre la direction de leurs terres || L'absentéisme || Évolution de la haute bourgeoisie || Changement de sa mentalité et de la mentalité des nouvelles générations || Retour a la vie simple. || Avantages de la carrière agricole || La fin du fonctionnarisme

Nous en avons fini avec le chapitre le plus important de la reconstitution du personnel agricole au lendemain de la guerre, celui des éléments de la population les plus nombreux et les plus agissants, notre analyse a surtout porté sur ce que nous pourrions appeler le recrutement par en bas, emprunté aux catégories les plus modestes, qui n'ont qu'un faible capital. Il ne faut jamais perdre de vue que la France est plus particulièrement un pays de petite culture et que, sans la petite culture, sa merveilleuse puissance agricole s'effondrerait.

Mais tout se tient, en agriculture comme en industrie, et de même qu'il y a la petite et la grande industrie, nous ne pouvons pas oublier non plus qu'il y a la moyenne et la grande culture qui ne sont pas moins indispensables à notre prospérité nationale, d'abord parce qu'elles sont le complément et le support de la petite, ensuite parce que ce sont elles qui représentent le plus gros capital agricole et qui par conséquent jouent le rôle le plus important au point de vue économique et financier

La moyenne et la grande propriété occupent en effet une surface cultivable infiniment supérieure a celle de la petite : plus de 30 millions d'hectares contre 12 millions seulement. Il y a donc là un facteur d'une importance capitale et qu'il faut étudier de très près, puisque c'est lui qui joue le plus grand rôle dans le total de notre production agricole C'est à la moyenne et à la grande propriété que nous devons demander un effort décisif pour son intensification rapide.

Sans doute leur situation est par certains côtés plus rassurante que celle de la petite, d'abord parce que le nombre des exploitations est beaucoup moins considérable, 892 000 moyennes et grandes propriétés, contre 4 millions 1/2 de petites, et ensuite parce que les propriétaires exploitants sont ici, en général, plus âgés et non mobilisables et qu'il en manquera moins à l'appel. Le remplacement de ceux qui auront été tués ou mutilés se fera d'ailleurs assez facilement, parce qu'ils appartiennent presque tous à de grandes familles agricoles ou les remplaçants ne manqueront pas.

Nous n'en dirons pas autant de leurs fermiers et métayers tués à l'ennemi, qui étaient pour la plupart des hommes dans la force de l'âge On ne peut pas se dissimuler qu'il sera difficile de leur trouver des successeurs, parce qu'on ne peut les prendre que parmi les agriculteurs de profession les plus expélimentés, en possession d'un capital relativement important, et ceux-là seront rares.

La difficulté sera peut-être plus grande encore pour conserver à la terre les survivants, il est à prévoir que beaucoup de fermiers dont les baux seront résiliés ou résiliables ne voudront pas reprendre leur exploitation aux conditions anciennes et se montreront très exigeants pour le renouvellement. Ils feront valoir que la guerre a tout changé, que les ouvriers seront presque impossibles à trouver, que leurs frais généraux ont augmenté démesurément, qu'il leur faudra enfin, pour gagner de l'argent, engager de gros capitaux qui leur manquent et qui coûteront cher.

A toutes ces raisons, s'en ajoutera une autre, une raison secrète, mais la plus redoutable de toutes, le désir qu'auront beaucoup de grands fermiers de travailler pour leur compte, plutôt que pour le compte d'un propriétaire, en se contentant d'une propriété plus modeste.

Du côté des métayers, la situation des propriétaires sera encore plus compliquée. Déjà, avant la guerre, les rapports personnels de propriétaires à métayers devenaient de plus en plus tendus, dans les grandes régions de métayage, on constatait que cette forme d'association du capital et du travail, si excellente en soi et sur laquelle on était en droit de fonder tant d'espérances, s'altérait tous les jours et s'éloignait de plus en plus de son esprit d'origine.

Là où on avait rêvé l'union, la fusion des intérêts, l'harmonie des forces, on ne rencontrait bien souvent que la méfiance sourde, les récriminations et même la haine. Il est juste de dire que la politique qui avait fini par se glisser entre le propriétaire et le métayer a été pour beaucoup dans ce déchaînement de petites passions ; elle a tout envenimé, tant il est vrai qu'elle gâte tout ce qu'elle touche, quand elle n'est pas à sa place.

Je ne sais si cet état d'esprit s'améliorera après la guerre ; je le souhaite vivement, car s'il continuait son évolution, ce serait la mort du métayage. Mais, sans tomber dans un pessimisme prématuré, il est facile de prévoir qu'en tout cas la pratique du métayage va rencontrer un peu partout des difficultés inévitables.

Ces difficultés seront plus grandes encore quand il faudra trouver de nouveaux métayers pour remplacer ceux qui auront été tués à l'ennemi ; car il ne faut pas trop compter sur leurs familles pour prendre leur succession. Beaucoup de ces familles ont déjà opéré leur retraite en vendant leur cheptel à des prix extraordinairement avantageux et elles ne consentiront pas à le racheter aux prix énormes d'après-guerre. Un grand nombre d'entre elles ont du reste quitté leur métairie sans esprit de retour.

Comment les remplacer ? où trouver des agriculteurs nouveaux capables de conduire des propriétés de 40 à 100 hectares ? un petit fermier peut se trouver assez aisément ; on peut du jour au lendemain prendre un bon ouvrier agricole et, en l'aidant un peu, en faire un fermier suffisant. Mais, pour une exploitation importante, il faut à la fois une compétence agricole étendue et des moyens financiers relativement considérables

C'est ainsi qu'on se trouve acculé par l'évidence des faits et la force des choses à cette conclusion, qu'il n'existe pour les grands et même les moyens

propriétaires qu'une suprême ressource pour sortir
par la bonne porte de cette situation inextricable,
c'est de se préparer à devenir leurs propres fermiers, leurs propres métayers, en prenant en main
l'exploitation directe de leurs terres comme leurs
aïeux l'ont fait pendant si longtemps, il faut en un
mot que la bourgeoisie et l'aristocratie terriennes
reviennent à la terre et renaissent de leurs cendres

Ainsi s'accomplira une évolution qui était déjà
dans l'air avant la guerre et que la guerre va certainement précipiter. Il apparaît dès à présent que la
terre, comme l'usine, appartiendra de plus en plus
à celui qui l'exploite, parce que le bénéfice du propriétaire exploitant ne cessera pas de grossir, tandis
que le revenu du propriétaire non exploitant ira
plutôt en diminuant sous le poids des charges qui
vont l'accabler.

Le moment est du reste admirablement choisi
pour opérer ce changement de front et ramener les
classes élevées de la société à la terre Aujourd'hui,
ce n'est plus déroger, c'est s'anoblir que de prendre la direction d'une grande exploitation agricole.
La situation de l'agriculture au lendemain de la
guerre sera celle d'une grande industrie qui soit de
la période des tâtonnements pour entrer dans celle
des vastes réalisations et qui fait appel à toutes
les forces économiques, au capital et à la science,
pour la porter à son maximum de puissance et de
rendement.

*
* *

Il ne restera plus qu'une difficulté à vaincre, mais
elle est grande, ce sera de changer la mentalité

actuelle de la haute bourgeoisie et surtout celle des
jeunes générations qui ne comprennent le bonheur
qu'à la ville et qui ont horreur de la campagne
Comment les convertir et les ramener?

Il fut un temps où les grandes familles bourgeoises ou aristocratiques aimaient la Terre pour
elle-même et aussi pour les satisfactions de légi-
time orgueil qu'elle leur procurait Elles ne dédai-
gnaient pas, tout en habitant la ville, de diriger ou
de surveiller leurs terres et le printemps les voyait
toujours revenir avec les hirondelles

On sait la place qu'elles ont tenue pendant longtemps dans tant de villages à la vie desquels elles
restaient activement mêlées. Elles étaient les amis
de tout le monde et s'efforçaient de faire oublier, à
force de simplicité et de cordialité, leur supériorité
de fortune ou d'éducation. Elles apportaient avec
elles un peu de luxe et de distractions qui rompaient
la monotonie de la vie rurale, et elles jouissaient
d'une popularité dont elles étaient justement fières

Cet état de choses s'est maintenu tant que les
classes élevées de la société ont placé leur bonheur
dans la vie de famille, la simplicité de l'existence
et les jouissances intimes La pratique de ces
vertus s'accommodait mieux du calme des champs
que de la vie agitée et fiévreuse des villes et c'est
pour cela sans doute que nos aïeux gardaient toujours un pied à la terre

✦

Malheureusement, tout a changé de face avec
l'arrivée des générations nouvelles qui ont compris
le bonheur autrement et se sont laissé entraîner

dans le courant vertigineux qui, depuis tant d'années, emporte les gens riches vers les plaisirs fié-
vreux et vers l'argent considéré comme le grand
but de la vie. Le confort a été remplacé par le luxe
et on a tout sacrifié au besoin de paraître et d'être
de plus en plus riche. La vie est ainsi devenue une
bataille sans une minute d'arrêt et ceux qui la
livraient ont été enchaînés à la ville sans pouvoir
en sortir, leur seule distraction a été de promener
leur ennui sur toutes les plages et dans toutes les
stations balnéaires.

Cet état d'esprit d'une grande partie de la haute
bourgeoisie, son mépris de la vie à la campagne,
ont eu une répercussion, que personne ne songe
plus à contester, sur notre situation agricole.
L'absentéisme des grandes familles, comme on l'a
si bien défini, a été pour beaucoup dans la désertion
de la terre par la masse rurale qui, d'instinct et sans
bien s'en rendre compte, a suivi le courant.

On comprend aisément que le paysan, voyant
que les gens riches trouvaient la terre inhabitable
et s'en sauvaient, ait été tenté de les suivre. C'est
ainsi qu'il en est venu à considérer comme un avancement en grade de passer de l'état d'agriculteur à
celui de domestique de grande maison, d'employé
de commerce ou de petit fonctionnaire.

Si cet état d'esprit devait survivre à la guerre, le
divorce serait de plus en plus profond entre la campagne et la ville, les bourgeois continueraient à
s'enfermer dans le tourbillon enfiévré des villes et

deviendraient de plus en plus incapables de comprendre la vie à la campagne

Mais il faudrait être aveugle et ne rien sentir de tout ce qui remue depuis quatre années les profondeurs de l'âme humaine pour ignorer la révolution morale qui s'accomplit sous nos yeux. En réalité, c'est une nouvelle France qui arrive à la vie, complètement transformée et régénérée, à l'arrière comme au front.

Il est facile d'apercevoir dès à présent que la bourgeoisie riche verra demain le monde sous un autre angle et modifiera complètement sa conception du bonheur; tout lui en fera une loi. D'innombrables familles auront été cruellement éprouvées dans leurs affections et seront pour toujours dégoûtées des distractions extérieures. Que de salons fermés pour longtemps, peut-être pour toujours! La vie de plaisir est finie, — le plaisir serait aujourd'hui un supplice.

Cependant on ne peut pas éternellement pleurer et il faudra un refuge aux cœurs meurtris; peut-on en trouver un meilleur que le recueillement dans une solitude vivante et animée qui arrache l'homme à ses tortures et l'illumine à l'intérieur. Pour réaliser cet idéal, rien n'est supérieur au spectacle et au contact de la nature, génératrice des hautes pensées qui reposent et des aspirations qui transportent l'homme au-dessus de lui-même.

C'est là que le sentiment religieux prend racine sous sa forme la plus simple, la plus irrésistible, par l'élévation de l'âme vers la cause première qui régit le monde et préside aux lois admirables qui le gouvernent Ce sentiment-là survit à tout et il procure à celui qui l'éprouve une sérénité qui est une des consolations les plus profondes de la vie

Qu'on ne croie pas pour cela que le bourgeois, revenu à la campagne afin d'oublier ses tristesses, va s'enfermer dans sa douleur et se désintéresser de sa terre. Il voudra au contraire se consacrer à elle tout entier, pour chercher une diversion à son chagrin dans les soins qu'il lui donnera. Il ne fera plus de son domaine un simple lieu d'agrément, il voudra l'exploiter lui-même pour se distraire et aussi pour en tirer profit. C'est ainsi que le progrès agricole s'infiltrera insensiblement au fond des campagnes les plus reculées et que la bourgeoisie pourra reprendre son rôle de classe dirigeante dans le bon sens du mot.

Faut-il ajouter que cette évolution sera singulièrement facilitée par la transformation matérielle du village telle que nous l'avons indiquée et qui en rendra le séjour aussi agréable, plus agréable même que celui de la ville.

***

Le retour à la terre des chefs de famille n'est du reste qu'un premier pas, un commencement, et il serait bien insuffisant s'il s'arrêtait à eux. Ce qu'il faut voir surtout dans leur conversion, c'est l'impulsion qu'ils vont donner et la contagion de l'exemple qui ramènera à la terre les nouvelles générations arrivant à la vie

La plupart de ces jeunes qui ont été à la guerre et c'est vers eux qu'il nous faut aujourd'hui tourner les yeux pour remettre en marche les grandes exploitations agricoles abandonnées Il faut bien le dire, ils ont été, jusqu'à ce jour, aussi réfractaires

que leurs pères à la profession agricole, qui leur
apparaissait presque comme une déchéance
D'instinct, ils se ruaient tous vers les grandes
écoles qui mènent à tout, qui font les avocats, les
magistrats, les notaires, les avoués, les fonction
naires, les sous-préfets surtout Jamais il ne serait
venu à la pensée d'un bachelier d'entrer dans une
école d'agriculture, et le père de famille qui aurait
voulu forcer son fils à embrasser la carrière agricole aurait été considéré comme un bourreau

Il n'est pas douteux que demain les choses vont
complètement changer d'aspect et, quand la grande
tourmente sera passée, quand chaque Français,
assis sur les ruines de sa fortune et de ses illusions
d'autrefois, se trouvera en face des réalités qui
l'étreignent, lui et les siens, il faudra bien qu'il se
rende à l'évidence

Le père de famille qui poussait si obstinément
ses enfants du côté des fonctions publiques ou des
carrières libérales n'aura pas de peine à comprendre que les beaux jours des fonctionnaires sont
passés, parce que la vie matérielle va devenir pour
eux de plus en plus difficile avec leur maigre traitement au moment même où la réduction inévitable
de leur nombre ruinera pour longtemps toutes les
chances d'avancement Ainsi finira la chasse aux
places et bientôt on s'en sauvera avec autant de
parti-pris qu'on en mettait à les rechercher

Il est probable du reste que les fils ne seront pas
moins dégoûtés que leurs pères des carrières bureau-
cratiques Mettons-nous dans l'état d'esprit de cette
vaillante jeunesse qui aura passé ses plus belles
années dans les camps et qui aura contracté l'habitude des exercices physiques et de la vie au grand

air Le bureau leur apparaitra comme la plus triste des prisons et ils seront trop heureux de demander à leur père la direction de ses terres, s'il en possède et, s'il n'en possède pas, ils chercheront à s'en procurer à tout prix.

Les conversions seront d'autant plus faciles que ce ne sera pas déchoir, ce sera au contraire s'élever, de devenir agriculteur, quand nos agriculteurs seront des Agronomes ou des Ingénieurs Agricoles, ils auront le même rang que les industriels qui, dans la hiérarchie sociale, ont une bien autre importance que les fonctionnaires

CHAPITRE XIII

LA FEMME FRANÇAISE

Sa mission sociale et son rôle en agriculture ‖ Avant
la guerre sa résistance a la désertion de la terre.
‖ Augmentation constante des petites patronnes
agricoles ‖ Leur rôle pendant la guerre ‖ Elles
ont sauvé le pays de la famine ‖ Après la guerre
elles seront le pivot de notre reconstitution agri
cole ‖ Les nouvelles couches ‖ Recrutement par
en bas, les ouvrières des villes, des ateliers de
la guerre ‖ La campagne, véritable milieu pour la
natalité ‖ Effort a faire pour ramener a la terre
les femmes de la haute bourgeoisie ‖ Cause principale de leur éloignement de la terre, éducation
trop intellectuelle ‖ Réforme de l'enseignement
‖ Ecoles ménagères ‖ Cercles de fermières

Nous venons de passer la revue du principal élément de l'armée agricole de l'avenir, celui des
soldats agriculteurs et des agriculteurs en voie de
formation, et nous nous croyons autorisés à conclure que, si elle a été décimée par la guerre, il lui
sera possible de se reconstituer demain avec des
contingents nouveaux qui lui permettront de réparer une notable partie des pertes qu'elle a
subies

Mais nous n'avons pas tout dit sur les merveilleuses ressources de la France et il manque un
chapitre, un chapitre capital, à l'inventaire que
nous venons de dresser des forces sur lesquelles

nous sommes en droit de compter pour remplacer
tant d'enfants de la Terre qui se sont sacrifiés sur
l'autel de la Patrie.

Leur héroisme en a fait naître un autre qui a dépassé tout ce qu'on pouvait imaginer, celui des
femmes, qui, d'elles-mêmes, se sont tout de suite
mobilisées et qui ont tenu le front de la défense
agricole avec une vaillance farouche et une compe-
tence qui n'ont surpris que ceux qui ne savaient
pas ce que nos paysannes et nos grandes bourgeoises paysannes possédaient de qualités viriles,
d'esprit d'initiative et de sens pratique, elles
viennent de prouver, avec quel éclat ! qu'elles
etaient en état de suppléer l'homme et qu'elles
pouvaient même se passer de lui

Elles en avaient du reste fait la démonstration
bien avant la guerre Il est peu de pays, en effet, où
la femme ait autant contribué, que la femme de
France, au développement de l'agriculture nationale et on ne s'éloignerait pas beaucoup de la vérité en disant que c'est elle surtout qui l'a fait ce
qu'elle est, le pays de la petite propriété

Les chiffres du recensement général de la population en font foi, il en ressort que sur une population agricole totale de 8 777 000 personnes, on
compte 5 452 000 hommes et 3 384 000 femmes
Mais si on analyse ces chiffres, on découvre que
celui des femmes s'est accru beaucoup plus que
celui des hommes, et, en effet, le nombre des chefs
d'exploitation agricoles masculins, qui était en 1901
de 2 016 000, ne s'est élevé en 1906 qu'à 2 538 000,
soit une augmentation de 500 000 environ, alors que
celui des chefs d'exploitation féminins a passé de
1 438 000 à 2 249 000, soit une augmentation de plus

de 800 000, supérieure de 300 000 à celle des hommes.

Il est à remarquer que ce mouvement dans la population agricole n'est que la conséquence de celui qui se dessine depuis longtemps, et qui avait déjà été constaté dans la grande enquête de 1862 à 1892, la diminution progressive des ouvriers et ouvrières agricoles, par leur passage incessant dans les rangs des petits propriétaires.

De l'ensemble de ces chiffres, on peut tirer plusieurs conclusions : la première, que c'est du côté de la femme qu'est venue par en bas la résistance la plus acharnée à la désertion de la terre, la seconde, c'est que les femmes ont voulu sortir de plus en plus des fonctions subalternes de servantes ou d'ouvrières agricoles pour devenir maîtresses de maison. Elles sont aujourd'hui plus de deux millions restées sur la brèche, et quand l'histoire se fera sur la Campagne agricole du temps de guerre, elle établira que ce sont elles qui ont tenu bon jusqu'au bout, sans lâcher prise, et qui nous ont sauvé de la famine. Pour pousser l'effort aussi loin et le soutenir pendant si longtemps, il faut vraiment aimer la terre.

C'est ainsi que la femme est devenue par la force des choses le pivot de notre réorganisation agricole et l'appel aux femmes de France doit être le premier acte de la campagne qui va s'ouvrir. Ce sont elles qui sont destinées à prendre la place de beaucoup des héros morts au Champ d'honneur ou réduits à l'impuissance par leurs blessures et elles tiennent entre leurs mains la remise en culture de beaucoup de terres abandonnées. Dans cet appel il faudra mettre en première ligne toutes celles qui ont combattu au front et elles seront trop fières de

leur rôle pour lâcher prise au lendemain de la victoire; on peut compter sur elles pour entraîner les
nouveaux bataillons agricoles et marcher à leur
tête.

Mais il faut bien voir les choses comme elles
sont; les femmes actuellement engagées dans l'agriculture ne seront jamais assez nombreuses pour
suffire à notre reconstitution agricole et il sera
indispensable d'élargir leurs cadres en faisant de
nouvelles recrues dans leurs rangs, si on veut
opérer la grande évolution qui s'impose.

**

On pourra en trouver un assez grand nombre à
la ville si on sait organiser la propagande nécessaire et chercher les conversions Il n'est pas possible par exemple, que, parmi les 500 000 femmes
qui, sous la pression de la nécessité et la tentation
d'énormes salaires, se sont précipitées dans les
ateliers de la guerre, il ne s'opère pas, aujourd'hui,
un reflux accentué du côté de la campagne d'où
beaucoup d'entre elles sont parties. La plupart de
ces malheureuses, qui ont été condamnées à des
travaux au-dessus de leurs forces, sont sorties de
ces ateliers exténuées, épuisées, dégoûtées de cette
existence de forçat Beaucoup auront besoin d'un
sanatorium à bon marché pour refaire leur santé et
reprendre des forces, or, il n'est pas de sanatorium supérieur à celui de la ferme avec le travail
en plein air et il a l'avantage d'être à la portée de
toutes les bourses Rien du reste ne retient plus
les femmes à la ville, depuis qu'il leur a fallu dire
adieu aux gros salaires juste au moment où les

exigences de la vie dans les grands centres redoub'ient, si bien qu'après avoir goûté du superflu elles ne pourraient même plus se donner le nécessaire.

***

A toutes ces raisons qui rendent si vraisemblable l'arrivée à la Terre d'une partie des ouvrières d'usines il faut en ajouter une autre, une raison supérieure d'intérêt général et social, qui nous fait un devoir de les aiguiller le plus possible du côté de l'agriculture

Dans la Société de l'avenir dont nous allons être appelés à jeter les fondements, la femme française aura à remplir une mission sacrée qui primera toutes les autres et à laquelle il faudra tout ramener, celle de reconstituer la race et de réparer les brèches effroyables qui ont réduit si tristement l'élite de la nation La femme devra être mère avant tout, avant d'être femme, à plus forte raison avant d'être homme et de faire un métier d'homme.

Il est du devoir des pouvoirs publics et de toutes les organisations sociales et économiques de lui faciliter l'accomplissement de ce sacerdoce en lui épargnant, en lui interdisant au besoin, dans toute la mesure du possible, les lourdes besognes qui l'empêcheraient de remplir sa fonction sociale.

Or il n'est pas douteux que les travaux d'usine, quand ils sont des travaux de force, sont le plus souvent un obstacle à l'accomplissement du devoir maternel Ce serait vite fait de la race si nous persévérions dans les errements de la guerre et si, pour avoir quelques ouvrières de plus, nous ruinions les générations à venir.

Aux ouvrières d'usines on pourrait assimiler les vaillantes femmes, venues aussi bien souvent de la Terre, qui se sont enterrées dans cette masse de petites boutiques où elles font preuve de tant de courage et de résignation. Après la guerre, beaucoup seront condamnées, par la réduction inévitable de leurs affaires, à mourir de misère, et c'est les rendre à la vie et au bonheur que de les aider à s'établir à la campagne avec leur famille.

*
* *

Si on voulait creuser à fond ce côté du problème, on découvrirait aisément bien d'autres catégories sociales où l'agriculture pourrait puiser largement. Citons-en une encore en passant pour prouver combien le réservoir est profond, celle des domestiques de maison dont le nombre n'a pas cessé de s'accroître aux dépens de l'agriculture avec le faux luxe qui depuis un certain nombre d'années a tout envahi. Quand on ouvre les statistiques, on est stupéfait de l'énorme quantité de forces absorbées par une profession qui, dans une société bien organisée, devrait être réduite au minimum.

Le recensement de 1911 nous apprend que le nombre *des habitants en service domestique* atteignait le chiffre énorme de 929 000 sur lesquels il n'y avait pas moins de 771 000 domestiques femmes; pour Paris seulement on en compte près de 200 000.

Il ne peut pas être question de supprimer d'autorité un seul domestique; mais il est bien vraisem-

blable qu'au lendemain de la guerre, les nouvelles
exigences de la vie contraindront beaucoup de
familles à restreindre leur train de maison et
qu'elles ne garderont plus que le minimum de personnel domestique indispensable, sans compter
que beaucoup de domestiques voudront sans doute
redevenir leurs maîtres pour gagner davantage

Toutes les difficultés qui auraient pu, du reste,
fermer autrefois l'accès de la terre aux femmes
n'ayant que de petites économies sont aujourd'hui
complètement aplanies, celles-ci ont la faculté,
comme les hommes, avec l'aide des Caisses de
Crédit Agricole et de Crédit Immobilier, de se procurer le capital nécessaire pour l'acquisition d'une
petite propriété dont la valeur peut s'élever jusqu'à
8000 francs, et même le fonds de roulement indispensable pour faire marcher l'exploitation Les
veuves des pensionnés ou des victimes de la
guerre bénéficieront d'une situation plus favorable
encore puisqu'elles pourront emprunter à 1 pour 100
comme les mutilés

*
* *

Il ne restera plus qu'à faire leur éducation agricole et à leur donner l'instruction indispensable
pour transformer une ouvrière intelligente ou une
petite bourgeoise en femme agricole. Comme nous
l'avons dit, jusqu'à ce jour l'enseignement agricole
populaire n'a jamais été organisé sérieusement,
surtout pour les femmes, et c'est à cette lacune qu'il
faut attribuer en grande partie l'émigration à la
ville de tant de filles d'agriculteurs Faut-il rappeler que toutes nos Écoles secondaires d'agricul-

ture réunies comptent à peine 800 élèves-femmes
Mais une ère nouvelle va s'ouvrir avec la loi si
complète qui vient d'être votée par le Parlement et
que nous avons analysée dans ses grandes lignes
Elle n'est pas faite seulement pour les campagnes ;
elle s'étendra aux villes elles-mêmes par le fonctionnement des Écoles ménagères qui vont y tenir
des assises régulières où les jeunes filles pourront
acquérir des connaissances qui leur permettront de
s'orienter vers la terre.

Il faut bien espérer aussi que l'enseignement
postscolaire agricole ne sera pas réservé exclusivement au village et qu'il comportera également
des cours spéciaux pour les enfants de la ville que
leurs parents destineront à la carrière agricole
Nous sommes convaincus que ces cours seront
plus suivis qu'on ne croit par la jeunesse des villes,
et qu'ils favoriseront beaucoup de conversions

* *

Nous venons de parler des femmes qui, par leur
situation sociale, sont plus particulièrement destinées à la reconstitution de la petite culture, mais
celles-là ne peuvent rien pour la moyenne et la
grande culture qui, nous l'avons dit, représente
cependant la surface la plus considérable, et qui
est presque tout entière aux mains des classes
élevées et riches de la Société

C'est là, c'est en haut, que s'est surtout déclaré
le cancer de l'abandon de la terre qui a laissé en
souffrance tant de cultures par la négligence, l'indifférence et aussi l'incompétence d'un grand
nombre de propriétaires qui se désintéressaient de

tout ce qui s'appelait progrès, enrichissement du
sol, intensification de la production Les femmes
de ceux-là s'en désintéressaient davantage encore,
et bien que le rôle de la femme soit moins actif et
moins nécessaire quand il s'agit de grands do-
maines, de grandes fermes, possédant un nombreux
personnel, ce serait la plus grande des erreurs de
croire que la femme n'y joue aucun rôle. Il sera
bien plus considérable encore demain quand il
faudra que les propriétaires des terres abandonnées
se décident à en prendre eux-mêmes la direction

Toutes les combinaisons que nous venons d'entrevoir seraient inefficaces, et même bien souvent
impossibles, si la femme ne les comprenait pas et
n'y entrait pas pour moitié; car il ne faut pas se
faire l'illusion de croire qu'on conservera ou qu'on
ramènera l'homme à la terre si la femme ne le suit
pas ou même ne le précède pas. Il y a longtemps
que Montaigne a laissé tomber de sa plume cette
phrase si pleine de vérité : « Les femmes font ou
défont les maisons ». La désertion de la terre vient
de la mettre en plein relief.

Nous touchons ici à un côté de notre situation
agricole d'avant guerre dont nous avons beaucoup
trop méconnu l'importance. C'est surtout à l'homme
que nous avons songé dans tout ce que nous avons
fait pour favoriser l'agriculture. Nous n'avons pas
compris que pour l'amener, et surtout pour le conserver, il fallait d'abord et avant tout convertir la
femme. Qu'est-il résulté de cette fausse conception
de l'importance de la femme, en agriculture, c'est
qu'au lieu d'être un avocat de la terre, elle en a été
trop souvent l'adversaire

C'est ainsi que, dans la moyenne et grande cul-

ture, leurs rangs n'ont pas cessé de s'éclaircir, ce
sont elles le plus souvent qui, dans la bataille qui
se livre depuis tant d'années entre le village et
la ville, ont lâché pied les premières et donné le
signal de l'exode Et l'homme les a suivies la tête
basse et souvent la mort dans l'âme.

Que de fois j'ai reçu les confidences désolées de
chefs de grandes et belles exploitations qui me
disaient · « Je suis au désespoir, l'œuvre de toute
ma vie est perdue. Je réservais à mon fils le beau
domaine que j'ai passé mon existence a préparer
pour lui et qui devait lui assurer, avec la fortune,
l'indépendance et le bonheur Or, il vient de me
déclarer qu'il était, à son grand regret, obligé de
me quitter et d'aller chercher une position à la ville
parce qu'il lui était impossible de trouver une
femme digne de lui qui consente à vivre à la campagne et à s'associer à la direction d'une exploitation parce que cela n'intéresse plus aucune jeune
fille Toutes celles qu'il pourrait épouser à la campagne ne rêvent que la ville et celles de la ville ne
veulent pas venir à la campagne Et cependant,
ajoutait tristement mon interlocuteur, l'existence
qu'elles auraient vaudrait bien celle de la ville
pour le bien être, l'agrément de la vie et même le
véritable luxe »

Les causes profondes de cet état d'esprit des
femmes et des filles de la haute bourgeoisie sont
nombreuses La principale apparaît tout de suite
il est trop évident que les moyens d'agir sur la
mentalité de la femme française ne sont pas les
mêmes en haut et en bas de l'échelle sociale : la
question d'intérêt matériel, de profit, de changement de situation, qui suffit à attirer les femmes

dans la petite culture, n'exerce presque aucune influence sur les femmes qui appartiennent à la
moyenne et à la grande culture et qui presque
toutes jouissent de l'indépendance de la fortune
Ce n'est pas le gain qui peut les tenter; ce qu'elles
recherchent avant tout, c'est une existence agréable,
des conditions de vie qui les séduisent et un mari
qui leur plaise Si elles n'aiment pas la campagne,
si elles n'en comprennent pas le charme, il est inu
tile de les mettre à l'agriculture, elles n'y reste-
raient pas et ne chercheraient qu'à s'évader

De là une première conclusion : si on veut vraiment leur faire aimer la terre il ne faudrait pas
commencer par donner à nos jeunes filles une éducation, une instruction qui les en éloigne C'est
cependant ce que nous faisons par la direction
purement intellectuelle et de moins en moins pra
tique qui préside à notre enseignement public et
qui tend de plus en plus à assimiler les filles aux
garçons

Celles-ci poursuivent aujourd'hui les diplômes
comme les garçons et elles se considéreraient
comme déshonorées si elles n'arrivaient pas au
moins au brevet supérieur Elles triomphent quand
elles peuvent monter plus haut et mettre dans leur
corbeille de mariage un parchemin de bachelière ou
de licenciée en droit

C'est dans ces conditions que la plupart des
jeunes filles de la bourgeoisie arrivent au mariage
Elles ne savent rien de la tenue d'une maison,
qu'elles considèrent comme une tâche vulgaire et
indigne d'elles. Ne leur parlez pas davantage des
soins du ménage, du jardin, de la basse-cour. Elles
craindraient de se salir les mains et considéreraient

ces besognes vulgaires comme indignes d'une
demoiselle bien élevée. Aussi comprend-on que la
campagne ne les intéresse pas et qu'elles n'aient
qu'un désir, celui d'y rester le moins possible

Disons-le à leur excuse, elles ne sont pas cons-
cientes et on ne peut faire de reproches qu'à leurs
parents et surtout à notre système d'éducation
générale Nos programmes d'enseignement sont à
refondre en entier au lendemain de la guerre, aussi
bien pour les jeunes filles que pour les garçons Ici,
encore, on peut invoquer l'autorité de Montaigne
qui sait tout dire en si peu de mots, il a trouvé une
formule lapidaire qui résume admirablement les
programmes d'enseignement du lendemain de la
guerre . « Mieux vaut, dit-il, une tête bien faite
qu'une tête bien pleine ».

Quel bon sens! oui, apprenons la vie à nos enfants
avant de leur remplir la tête, car la vie consiste plus
que jamais à agir au lieu de rêver ou d'amuser son
esprit

Il y a pour nos jeunes filles, à côté des satisfactions
intellectuelles, auxquelles il faut sans doute faire
une part — et on peut la faire large — un ensemble
de connaissances pratiques qui devraient faire
partie de tous les programmes d'enseignement,
puisque toutes les femmes sont destinées à devenir
des maîtresses de maison Tels sont les soins du
ménage, la couture, le repassage, et même la cuisine, la vulgaire cuisine qu'il faut savoir aujour-
d'hui quand ce ne serait que pour pouvoir commander avec autorité à ses domestiques ; enfin des
notions élémentaires et pratiques sur le jardinage,
sur l'élevage des animaux de basse-cour qui ne
sont pas moins nécessaires Ce minimum d'ensei

gnement porte un nom qui dit tout c'est l enseigne
ment ménager et il devrait désormais faire partie
intégrante de l'éducation de toutes les jeunes filles

Certes, nous ne songeons pas à en exagérer la
portée au point de vue technique agricole et nous
ne nous faisons pas l'illusion de croire que l'introduction de l'enseignement ménager dans l éducation
de nos jeunes filles va nous donner tout de suite des
femmes d agriculteurs et des fermières expérimentées ; mais nous voyons un premier avantage.
un avantage considérable, dans cette évolution
éducative, c'est de modifier la mentalité générale
de nos jeunes filles, beaucoup trop éthérée et
nuageuse, en fixant leur attention sur le côté pratique de la vie, en les intéressant à une foule de
détails domestiques qu'elles méprisent parce
qu'elles les ignorent, en leur donnant en même
temps le goût de leur intérieur et des joies intimes
de la famille. Quand on trouve du plaisir chez soi.
dans les multiples soins de la conduite d'une maison, on a moins besoin des distractions frivoles du
dehors Toutes les jeunes femmes qui ont passe
par là avouent qu'elles n'ont jamais été plus heureuses

Les avantages de cette transformation intellectuelle et morale, au point de vue qui nous occupe,
ne s'arrêteront du reste pas là Il est facile de comprendre que le jour où nos jeunes filles auront pris
goût à l'enseignement ménager, elles s'intéresseront
sans s'en douter aux choses de la terre qui sont au
fond de cet enseignement. Elles comprendront
mieux la campagne, qui n'est, après tout, que le
grand laboratoire des produits qu'elles seront
habituées à manipuler, et d'instinct elles voudront

la connaître et la rechercheront En tout cas elles
n eprouveront plus de répulsion pour la profession
agricole et quand on leur proposera comme mari
un agronome, un grand agriculteur de bonne edu-
cation, elles ne feront plus la moue

Il ne restera plus qu'un pas a faire — et il sera
vite fait — pour substituer la femme a l'homme
en agriculture comme dans tant d'autres branches
de l activité nationale où l'homme manquera L'industrie agricole deviendra bien vite une carrière
de prédilection pour beaucoup de femmes en quête
d'une profession et elles seront, helas! trop nombreuses apres la guerre Il suffira, pour les avoir,
de creer pour elles des Ecoles d agriculture spe-
ciales, des Ecoles modeles

Il y a deja des femmes industrielles qui con-
duisent de grandes affaires d une main aussi ferme
et aussi sure que nos grands chefs d industrie A
bientôt l'entree en scène des femmes de tête
sorties de nos Ecoles, qui dirigeront nos grandes
fermes avec autant de science et d autorite que les
meilleurs agronomes

Leur conversion sera du reste singulièrement
facilitee par les progres de la science et par les
merveilleuses decouvertes qui se font tous les jours
dans l'utilisation de la houille blanche Avec l elec-
tricité qui pourra être repandue presque partout,
grâce à la multiplicité de nos cours d eaux qui
actionneront la plupart de nos instruments agricoles, l emploi des bras va devenir de moins en
moins nécessaire et, la femme-agriculteur ne sera
plus condamnee aux travaux pénibles et souvent
répugnants qui l epuisaient et la degoûtaient
Comme l industriel, elle n aura bientôt plus qu a

pousser un bouton pour mettre son outillage en marche et ce sont les forces de la nature qui travailleront pour elle

Mais il ne suffira pas de redresser la mentalité de nos femmes et de nos jeunes filles par une éducation et une instruction qui leur donnent un avant-goût de la campagne et qui la leur fassent désirer, il sera nécessaire de mettre la campagne elle-même en état de les bien recevoir, et de justifier la bonne opinion qu'elles auront d'elle. Car rien ne serait plus désastreux que la désillusion succédant au rêve et il suffirait de quelques déceptions pour semer le découragement partout.

Pour conserver à la Terre ses adorateurs, il faut qu'on lui fasse un peu de toilette; c'est surtout nécessaire pour les femmes, et si on veut les avoir il est indispensable dès à présent de procéder à la transformation de nos villages sur le plan du village modèle dont nous avons esquissé le tableau

Ce ne sera pas encore assez; il faudra faire un dernier pas pour enlever à la ville un de ses plus précieux avantages : l'agrément de la vie en société. Rien ne répugne à l'être humain, et surtout à la femme, comme l'isolement; il n'existe pas à la ville où on est en contact permanent avec des voisins, des amis, où les occasions de réunion se multiplient à l'infini La campagne, au contraire, c'est le désert; chacun y vit chez soi, sans autre distraction que celle de lire son journal; on ne se rencontre pas, on ne se cherche même pas, parce qu'on a rien à se dire

L'objection est la même partout et il faut la résoudre à tout prix Elle l'a été depuis longtemps et de la façon la plus heureuse en Belgique, en Amérique, en Angleterre. C'est la Belgique qui, dans la pratique, s'est approchée le plus près de la perfection en créant des *Cercles de fermières* qui sont devenus une véritable institution agricole

Ce sont des Associations où se groupent toutes les femmes qui jouent un rôle dans les exploitations agricoles d'une même commune ou d'une même région, propriétaires ou fermières. On y travaille, on s'y instruit et on s'y distrait, on cause de ses affaires et on se crée en même temps d'agréables relations. On met en commun dans des réunions périodiques ses connaissances, les renseignements qu'on possède, les résultats des opérations engagées; on se conseille et on s'entr'aide

Aux réunions succèdent des réceptions et même de petites fêtes. Les Cercles de fermières organisent des parties de plaisir, des concerts, des conférences et même des voyages en commun. En somme, c'est la ville transportée à la campagne avec ses plaisirs de société et le charme de la nature en plus Une semblable organisation serait tout à fait dans notre caractère et nous sommes convaincu qu'elle aurait le plus grand succès en France Le jour où elle serait généralisée, il se produirait une évolution décisive dans la mentalité des femmes, c'est un rayon de bonheur qui s'ajouterait à tous les autres et le retour à la terre ne se ferait plus attendre

Il ne restera plus, pour être logique jusqu'au bout, qu'à mettre les femmes sur le même rang que l'agriculteur dans beaucoup de circonstances où on les tient trop à l'écart Pourquoi ne pas les intro-

duire dans les Conseils de nos Sociétés d'agriculture, grandes et petites? Pourquoi ne pas leur
donner une place, une place d'honneur, dans les
cérémonies et solennités agricoles, concours, distributions de récompenses, banquets, etc. Les fêtes
n'en seraient que plus charmantes et la femme
n'aurait plus rien à envier à l'homme.

Demain, du reste, on ne pourra plus se passer
d'elles et on les placera au premier rang pour leur
rendre justice et reconnaître les immenses services
qu'elles viennent de rendre au pays. En les mettant
à l'honneur, on les décidera à rester à la peine et
c'est ainsi que le vrai, le bon féminisme, s'intro-
duira dans nos mœurs et contribuera pour une
large part à notre reconstitution économique.

CHAPITRE XIV

LES ASSOCIATIONS AGRICOLES

Les Associations agricoles et l'État ‖ Immensité du programme a réaliser et moyens de le réaliser ‖ La tache au dessus des forces de l'État seul ‖ Toute puissance de l'initiative individuelle ‖ Rôle capital des Sociétés d'agriculture. ‖ L'éducation de la masse agricole ‖ Moyens a lui fournir pour augmenter la production générale ‖ Premier de tous, la pratique de la mutualité sous toutes les formes ‖ L'exemple du Danemark, sa prodigieuse transformation ‖ Augmentation de valeur de la Terre ‖ Insuffisance de notre organisation collective. ‖ Petit nombre des Sociétés coopératives ‖ Pour les susciter et les multiplier, intervention indispensable des Sociétés d'agriculture locales ‖ Nécessité de confier la direction supérieure de toutes les Sociétés agricoles a un organisme central ‖ Les Chambres d'agriculture, leur rôle ‖ Sociétés générales agricoles libres ‖ Les Agriculteurs de France, la Société d'encouragement ‖ L'Académie d'agriculture ‖ Direction économique et propagande pour le retour a la Terre ‖ La grande croisade agricole ‖ Le gouvernement, son action et sa collaboration avec les Associations

Nous venons d'échafauder dans ses grandes lignes le programme de reconstitution et de marche en avant de notre agriculture Ce programme est tellement vaste qu'on se demande avec inquiétude comment il sera possible de le réaliser et de diriger dans la pratique par les voies les plus sûres une évolution qui est au fond une véritable révolution

Comment espérer que nos agriculteurs puissent devenir du jour au lendemain des hommes nouveaux profondément pénétrés des grands devoirs qui les attendent et résolus à tous les efforts, à tous les sacrifices, pour faire de l'agriculture la pierre angulaire de la grande France de demain.

C'est ainsi que se pose, avant tous les autres, un problème d'une importance capitale : Qui va prendre la tête de l'immense armée agricole pour la conduire à la victoire? qui va être chargé de donner l'impulsion partout, de refaire l'éducation de millions d'agriculteurs, de provoquer et de faciliter dans l'application cet ensemble de mesures, de réformes, de transformations profondes dont dépendra la résurrection de l'industrie agricole? Quels seront les puissants moteurs qui vont actionner au fond de nos campagnes le progrès sous toutes ses formes et quels hommes auront assez d'autorité pour être suivis et obéis?

Les Étatistes répondent sans hésiter : il n'y a que l'État qui soit capable d'un pareil effort et lui seul peut en assurer le succès parce qu'il a tout ce qu'il faut pour conduire la campagne et tout ce qu'il faut pour avoir raison de toutes les résistances Mais l'expérience est là pour prouver que le gouvernement tout seul est impuissant à diriger et à faire aboutir les grands mouvements d'opinion qui président aux destinées des peuples et encore moins les grandes évolutions économiques ; celles-ci passent au-dessus de sa tête et son rôle consiste uniquement à les encourager et à les faciliter |

Certes, personne ne songe à lui contester ses

prérogatives et à se passer de lui. Au lendemain de la guerre il est bien certain que le nôtre aura de grands devoirs à remplir et des résolutions hardies à prendre. Mais c'est surtout à l'initiative individuelle qu'il devra faire appel dans l'exécution, parce qu'il ne peut rien sans elle S'il avait la prétention de prendre sa place il n'aurait que des mécomptes

Avant la guerre l'État avait du reste déjà prouvé son impuissance à remettre l'agriculture à flot et à conjurer la crise avec laquelle elle était aux prises Il n'avait pu ni arrêter la désertion des campagnes, ni donner à nos agriculteurs l'élan fécond qui les aurait lancés dans la voie de tous les progrès

Ce n'est pas que les pouvoirs publics soient restés indifférents ou inactifs; ils avaient au contraire multiplié sous toutes les formes les encouragements, les secours et les institutions destinées à favoriser le travail agricole.

Mais l'État avait oublié une vérité élémentaire, c'est qu'il n'est rien et ne peut rien s'il n'est pas compris, s'il n'est pas secondé et il ne peut pas l'être s'il néglige d'appeler à son secours, en la provoquant sous toutes les formes, l'initiative individuelle Il ne faut pas craindre de le dire bien haut, c est elle, c'est le concours réfléchi, volontaire, passionné, des intéressés, qui est le principal facteur du progrès dans toutes les branches de l'activité humaine.

Malheureusement, la France a été depuis des siècles un pays de centralisation à outrance et la masse de la population s'est habituée à regarder toujours du côté de l'État-Providence, pour lui demander aide et protection en tout sans chercher à organiser elle-même la défense de ses intérêts. Elle

ne s'est pas contentee de porter cet état d'esprit
dans le domaine politique où il pouvait se comprendre, bien qu'il ne soit pas sans inconvénient et
sans danger, elle la malheureusement introduit
aussi dans le domaine économique où il est mortel,
parce que le grand ressort qui y entretient la vie
est l'initiative hardie et libre

Un des plus grands inconvénients de l'intervention
excessive de l'État est de briser le grand ressort de
l'activité nationale Si nous n'avons pas plus de
hardiesse dans les entreprises, si nous manquons
trop souvent de cette audace qui est un gage de
succès, c'est que nous avons, par atavisme, la
déplorable habitude de tourner en tout nos regards
de son côté, soit pour en recevoir l'impulsion, soit
pour nous diriger. Et comme il a toujours des
timidités sans pareilles, nous laissons passer les
grandes occasions sans en profiter.

En matière agricole nous en avons fait trop souvent l'expérience à nos dépens au cours de la guerre,
mais nous voulons être justes et nous recon-
naissons volontiers qu'en temps de guerre on n'a
pas toujours le choix des moyens La vérité nous
oblige cependant à dire qu'au point de vue des
résultats la politique étatiste a donné bien des mécomptes et déçu bien des espérances. Cette seule
considération suffit pour qu'au lendemain de la
guerre on n'essaie pas d'en faire la base de notre
réorganisation agricole.

Il faut que nous en soyons bien convaincus, le
grand mouvement de rénovation qui doit ouvrir
pour notre agriculture une ère nouvelle, n'a de
chances d'aboutir sûrement et rapidement qu'autant qu'il sortira des profondeurs du monde agri-

cole lui-même et qu'il sera conduit par des états-
majors ayant fait leurs preuves et jouissant de sa
pleine confiance.

Il est facile de le démontrer en parcourant les
grandes lignes du programme même de notre réorganisation agricole

*
* *

Il comporte d'abord une période éducative indispensable. Pendant cette période il faudra initier
des millions d'agriculteurs aux méthodes nouvelles
et, comme nous l'avons démontré, nous ne pouvons
les instruire et les convaincre que sur le terrain ;
c'est le seul moyen d'aller vite et d'obtenir des
résultats immédiats. Or, les véritables professeurs
pour ce genre d'enseignement, ceux qui auront le
plus de chance d'être écoutés et obéis, ce ne sont
ni les professeurs officiels ni même les instituteurs
qu'il faut réserver les uns pour l'enseignement
purement technique, les autres pour l'éducation de
la jeunesse, ce sont, nous l'avons déjà dit, ceux que
nous appellerons les agriculteurs de tête, ceux qui
ont fait leurs preuves de capacité et qui sont consi-
dérés par les agriculteurs de chaque commune
comme les plus habiles parce qu'ils ont réussi
C'est à eux qu'il appartiendra de se mettre à la tête
du progrès sous toutes ses formes et d'entraîner
dans leur village tous les retardataires en prenant
partout l'initiative de la création de champs de démonstration et de fermes modèles sur lesquels ils
opéreront des conversions en masse.

Or, ces hommes d'autorité et de science pratique
appartiennent tous à nos sociétés d'agriculture,

grandes ou petites ; aussi est-ce de celles-ci que doit partir l'impulsion qui propagera partout la fièvre du progrès Il faut que, dans chaque société, on se partage les rôles et qu'on affecte à chaque commune des hommes de cœur et d'énergie, qui acceptent la noble tâche de faire l'école aux masses agricoles et d'être comme des moniteurs en permanence

**

Mais ce ne sera pas assez de travailler à l'éducation professionnelle de nos agriculteurs et de leur faire comprendre les avantages immenses des nouvelles méthodes de culture, il faudra, ce qui est beaucoup plus difficile, leur procurer les moyens pratiques, les plus sûrs, les plus à leur portée, pour appliquer ces méthodes.

Il y a, d'abord les moyens de production matériels, engrais, semences, machines, etc , qu'il sera nécessaire de leur assurer aux meilleurs prix possibles et de la meilleure qualité. L'association seule peut résoudre ce problème capital parce qu'elle est seule en état réunir les techniciens expérimentés et désintéressés capables de défendre les intérêts de la masse.

Nous nous sommes déjà expliqué sur ce point et nous avons rendu pleine justice à l'immense effort de nos syndicats agricoles ; mais nous n'avons pas dissimulé que cet effort était encore tout à fait insuffisant pour la grande tâche qui reste à accomplir et qui exige la création de syndicats partout où ils font encore défaut. Nous n'y revenons pas.

Mais ce n'est pas tout de produire. Après avoir produit, il faut pouvoir transformer avant de vendre, par exemple le lait en beurre et en fromage, les fruits en conserves, etc. Il faut enfin vendre dans les conditions les plus avantageuses sur le marché, français et sur les marchés étrangers En pareille matière, l'agriculture est une véritable industrie et il faut qu'elle s'organise industriellement

Or, l'expérience de tous les pays a établi que l'agriculteur, et surtout celui qui ne dispose pas de grands capitaux, abandonné à lui-même et isolé, est incapable de conduire tout seul cette suite d'opérations difficiles et compliquées, indispensables pour tirer un parti avantageux de ses produits. Ici encore, l'association seule, et surtout l'association sous sa forme la plus féconde, la Mutualité, peut, par l'addition de toutes les forces et en laissant à chacun son individualité, sa liberté d'action personnelle, lui permettre de tirer de sa terre avec le maximum de produits, le maximum de bénéfices

*
* *

Nous avons, du reste, pour en vérifier la puissance et la fécondité, l'exemple saisissant d'un petit pays qui est devenu, grâce à son esprit d'union et à l'application la plus complète qui existe du principe de la mutualité, un très grand pays agricole. Ce pays, c'est le Danemark, son histoire est bien curieuse et très suggestive[1]

L'ogre allemand qui le tient sous sa griffe lui

1 Pour se faire une idée exacte de l'extraordinaire développement agricole du Danemark, il faut lire l'ouvrage si complet, si documenté, de M Georges Desbons sur la *Crise agricole et le Remede coopératif au Danemark*

ayant interdit de se faire industriel en l'écrasant de
sa supériorité économique, il en est réduit à vivre
de sa terre et pendant longtemps elle avait suffi à
assurer, malgré une culture patriarcale, sa prospérité et son bonheur

Avec la production des céréales qu'il avait presque exclusivement développée et dont il avait fait
son principal article d'exportation, il pouvait vivre
largement et acheter au dehors tous les produits
industriels dont il avait besoin Il vivait ainsi dans
l'aisance quand, aux environs de 1880, il fut réveillé
par un coup de tonnerre, l'entrée en scène sur les
marchés d'Europe des blés d'Amérique qui, par
leur abondance et leur bon marché, rendaient toute
lutte impossible Le quintal de blé américain se
vendait 15 fr 75 à Copenhague quand il coûtait
20 francs aux producteurs danois

Les grands agriculteurs danois obligés d'exporter
prirent tout de suite leur parti et décidèrent sans
hésiter le remplacement des céréales d'exportation
par les fourrages, le bétail sur pied et tous les produits qui en dérivent, beurre et fromages, auxquels
ils ajoutèrent la production en grand de la volaille.

Sur ce terrain nouveau ils arrivèrent prompte-
ment à des résultats qui tiennent du prodige pour
un pays dont la surface ne dépasse guère celle de
notre Bretagne. On peut s'en faire une idée par
quelques chiffres seulement · les animaux de
l'espèce bovine dont le nombre ne dépassait pas
1 120 000 têtes en 1880 s'élevaient déjà en 1900 à
2 253 000 têtes Pour les porcs, le troupeau passait
dans le même temps de 504 000 têtes à 1 467 000

Mais il ne suffisait pas de constituer un troupeau
nombreux et d'élite, il fallait l'exploiter en vendant

avec avantage ses principaux produits, beurre et
fromages, sur les marchés étrangers C'est ici que
les chefs de l'agriculture danoise firent preuve de
la plus grande clairvoyance et d'un esprit de progrès qui nous laisse bien loin derrière eux Ils comprirent tout de suite que pour faire prime sur les
marchés étrangers, et en déloger leurs concurrents,
il fallait y envoyer des produits supérieurs comme
qualité et moins chers que ceux des autres pays
Comment atteindre un pareil objectif qui semble
un véritable défi au bon sens · vendre moins cher
un produit de qualité supérieure qu'un produit de
qualité inférieure.

Les agriculteurs danois trouvèrent tout de suite
la solution : ils avaient fait par expérience la découverte des miracles qu'on pouvait obtenir par
les Sociétés coopératives de consommation qui
leur avaient permis de réaliser par année une économie de 3 350 000 couronnes (la couronne vaut
1 fr. 39) pour 185 000 membres Ils n'avaient qu'un
pas à faire pour tirer des coopératives de production des résultats équivalents et même supérieurs,
ils comprirent que la fabrication en commun
pouvait seule leur assurer la qualité supérieure et
le bon marché des produits en même temps que la
vente en commun leur donnerait la supériorité sur
tous les marchés étrangers

C'est ainsi qu'en un clin d'œil, le Danemark se
couvrit d'un vaste réseau de Sociétés coopératives
pour la fabrication du beurre et des fromages, et
pour leur vente sur les marchés étrangers, si bien
qu'aujourd'hui les quatre cinquièmes des agriculteurs danois sont embrigadés dans les sociétés
coopératives On ne compte pas moins de 1200 lai-

teries coopératives groupant 170000 membres auxquelles il faut ajouter 40 abattoirs coopératifs,
en groupant 100 000, 9 coopératives d'exportation
d'œufs en comprenant 52 000 ; tous les propriétaires,
tous les fermiers tendent de plus en plus à devenir
coopérateurs.

Les résultats obtenus par le Danemark, grâce à
cette puissante organisation, ont été merveilleux
L'exportation des beurres danois, qui en 1880 ne
dépassait pas 26 millions de francs, s'est élevée en
1913 à 265 millions, alors que pendant le même
temps la nôtre sur le marché anglais est descendue
de 77 à 44 millions. La même opération a été faite
pour les œufs dont l'exportation ne cesse de grandir
grâce aux soins donnés par les coopératives à leur
triage et à leur emballage ; elle a passé, nous
l'avons déjà dit, de 1 650 000 francs en 1880 à 37
millions en 1913. Celle du lard a monté de 26 millions à plus de 80 millions ; enfin la valeur du
troupeau de porcs danois a suivi la même marche
ascendante et dépasse aujourd'hui 200 millions.

*\
*

Les conséquences économiques et financières de
cette savante et féconde évolution du Danemark
ont été à la hauteur de l'immensité de son effort et
il faut les relever pour qu'elles nous servent de
leçon. La première à noter c'est l'augmentation de
la population agricole qui lui a permis d'échapper
à la crise décourageante de la désertion des campagnes. Pendant que les nôtres se vidaient, les
siennes se remplissaient : le nombre des agriculteurs danois, qui en 1880 ne représentaient que

1 116 000 habitants, s'élevait déjà en 1911, — et il n'a pas cessé de grandir — à 1 647 000.

Ce n'est pas tout : l'augmentation par le Danemark de sa production et de son revenu agricoles dans les proportions extraordinaires que nous venons d'analyser, a eu sa répercussion inévitable sur la valeur de la terre elle-même. Quand un industriel parvient à doubler le chiffre de sa production, la valeur de son usine augmente dans une proportion correspondante ; il en est de même de la terre

Le Danemark nous fournit sur ce point la plus éclatante des démonstrations : il résulte des statistiques danoises que la valeur moyenne de l'hectare de terre, qui n'était en moyenne que de 1165 francs en 1850 s'élevait en 1914 à 5000 francs. Voilà les résultats du progrès quand on s'y jette les yeux fermés [1]

***

Si l'exemple du Danemark est un peu humiliant pour nous, il est en même temps consolant et

1 A ceux qui voudraient pénétrer plus profondément dans le mécanisme des Associations Agricoles de production et de vente, nous conseillons la lecture de l'étude complète et détaillée qui en a été faite par M André Colliard Elle est précédée d'une remarquable préface de M le Président Deschanel qui en fait ressortir les inappréciables avantages « Ce sont, dit il, les petits agriculteurs, les paysans parcellaires, tout cette démocratie rurale si intéressante et en France si nombreuse qui retireront de l'Association formée pour la transformation ou l'écoulement de leurs produits les avantages les plus sérieux. De plus, la poursuite d'un objet collectif, la mise en commun des efforts développera chez tous les membres du groupement un vif sentiment de solidarité Il y a un véritable intérêt social à favoriser la constitution de ces Associations » (GUILLAUMIN et Cᵉ)

rassurant, puisqu'il nous donne une leçon de
choses dont nous n'avons qu'à faire notre profit
pour arriver aux mêmes résultats.

Nous n'avons pour cela qu'à aller droit devant
nous les yeux fixés sur le même objectif et, puisque
les Danois ont si bien réussi à leur emprunter
leur méthode et à en faire l'application en grand.
Elle tient dans cette formule bien simple qui
dit tout : *la mobilisation du monde agricole par la
mutualité sous toutes ses formes, c'est-a-dire par le
triomphe de l'initiative individuelle organisée.* Car, on
ne saurait trop le répéter, le gouvernement danois
n'a été pour rien ou presque rien dans ce formidable mouvement qui est sorti tout entier des
cerveaux et de l'énergie des chefs de l'agriculture
danoise : il n'a fait que les suivre, les encourager
et les aider en mettant toutes ses forces à leur
disposition

Notre situation est au fond analogue à celle du
Danemark en 1880, et même plus angoissante,
puisqu'il s'agit pour nous de reconstituer notre
fortune terrienne au lendemain des désastres de la
guerre, en portant notre production agricole à son
plus haut rendement. Nous ne pouvons mieux
faire que de lui emprunter l'idée directrice qui lui
a donné de si magnifiques résultats, en multipliant
sur toute la surface du territoire les Sociétés coopératives de production et celles de vente pour le
marché intérieur et les marchés étrangers.

Or, nous sommes sur ce point si important tout
à fait en retard : pour les coopératives de production, de transformation et de vente par exemple,
nous ne dépassons guère le chiffre de 3000 dont
600 laiteries pour la fabrication du beurre, en face

de 1200 dans le petit Danemark. Sans doute quelques-unes de nos Coopératives, comme celles du Poitou et des Charentes, qui en groupent 40 petites, sont d'une puissance qui rayonne sur plusieurs départements; mais on n'en compte que quelques-unes de ce genre et elles font tout à fait défaut dans un très grand nombre de régions

Il faut ajouter 1800 fruitières ou fromageries coopératives, 50 caves coopératives; le surplus d'environ 500 sociétés comprend des distilleries, sucreries, féculeries, meuneries, des coopératives d'électricité, de battage, et c'est tout

On rougit de penser que la grande France agricole en est réduite à un si mince outillage collectif pour une terre si fertile et une population agricole si nombreuse, si intelligente.

Voilà donc un progrès essentiel à accomplir et il est la condition première de tous les autres Il faut que le règne de l'Association, de la Mutualité surtout, commence dans un pays foncièrement individualiste et que la France se couvre d'un réseau de Coopératives et de Sociétés qui, partant d'en bas, se ramifient jusqu'au sommet

L'opération ne se fera pas toute seule et il faudra en quelque sorte prendre nos agriculteurs par la main pour les convertir à l'idée nouvelle, en leur faisant comprendre ce que leur commande leur intérêt personnel, mais pour être écoutés d'eux, il faut avoir leur confiance et vivre au milieu d'eux

Aussi ne voyons-nous, pour accomplir cet apostolat et opérer au fond de nos campagnes des conversions en masse, que nos Sociétés d'agriculture locales et nos Comices qui sont répandus partout; on n'en compte pas moins de 1600 et chaque arrondissement en possède. C'est entre leurs mains que repose la grande transformation qu'il s'agit d'opérer et pour laquelle ils pourront marcher de concert avec les Comités d'action agricole, là où ils existent.

Mais pour que ces sociétés soient à la hauteur de cette lourde tâche, et pour qu'elles puissent faire avec suite et méthode l'effort énorme qui est la première condition du succès, il faut qu'elles commencent par se réformer elles-mêmes Jusqu'à ce jour elles ont trop vécu dans l'isolement, sans programme bien défini, et elles ne forment souvent qu'un centre de réunion et de conversation, les agriculteurs qui en font partie n'ont que de rares occasions de se rencontrer et elles ne manifestent guère leur activité que par des cérémonies publiques et des distributions de récompenses. Elles n'ont ni permanence, ni moyens d'action suivis à mettre au service de l'agriculture. C'est là une grande faiblesse et une des causes indirectes de l'acuité de la crise agricole.

Le moment est venu pour elles de passer de la délibération à l'action. Ce qui a fait jusqu'à présent l'objet de leur activité doit passer au second plan et il faut désormais qu'elles se mettent à la tête du progrès sous toutes ses formes en restant en rapport constant avec les agriculteurs de leur circonscription et en présidant à leur organisation pratique par la création de Syndicats et de Sociétés mutuelles ou coopératives de toute nature. Leur mission

n'a jamais été plus haute puisqu'elle consiste à
achever la victoire de la France par la victoire de
la Terre.

***

Mais pour que ces Sociétés puissent agir effi-
cacement, il ne faut pas qu'elles restent comme
aujourd'hui séparées les unes des autres ; si on les
laisse abandonnées à elles-mêmes, il est à craindre
qu'elles ne restent inactives faute de direction et
se regardent les unes les autres en attendant le
mot d'ordre.

Qui donnera ce mot d'ordre? Ici encore nous
pensons que ce ne peut pas être le gouvernement.
Nos Sociétés d'agriculture sont trop indépen-
dantes pour subir une direction qui ressemblerait
à un ordre et à une subordination ; mais elles
obéiront sans hésiter à leurs pairs, c'est-à-dire à
une organisation centrale ayant une autorité indiscutable pour parler et ordonner au nom de l'agriculture.

Il y a longtemps que cette nécessité est apparue
et c'est pour y répondre que les défenseurs éclairés
de l'agriculture n'ont pas cessé de réclamer la
création de chambres d'agriculture élues par les
agriculteurs et composées de l'élite de chaque
région ; leur mission sera d'abord de diriger par
leurs conseils la pratique agricole de chacune de
ces régions, de pousser à tous les progrès, et
ensuite d'agir sur le Gouvernement et les Pouvoirs
Publics pour obtenir d'eux tous les concours dont
nos agriculteurs ont besoin pour réaliser ce qu'on
attend d'eux.

L'Industrie et le Commerce jouissent depuis longtemps de cette situation privilégiée; ils possèdent au-dessus de leurs organisations locales des Chambres de Commerce élues et officielles dont l'importance ne cesse pas de grandir. Celles-ci vont recevoir une nouvelle extension et de nouvelles attributions par leur transformation en Sociétés régionales et on peut prévoir qu'elles seront les instruments les plus actifs de notre reconstitution industrielle et commerciale au lendemain de la guerre.

Or, l'agriculture a, plus encore que l'industrie et le Commerce, besoin d'un centre de direction capable de rallier la masse des agriculteurs de la région, non seulement parce que les agriculteurs sont plus nombreux que les industriels et les commerçants, mais aussi parce qu'ils sont plus dispersés, qu'ils ont plus besoin d'être secourus et enfin parce que les problèmes qui les touchent sont plus variés.

Il n'est pas douteux que, si l'institution des Chambres d'agriculture réclamée depuis si longtemps et qui a fait l'objet de tant de projets de loi avait été réalisée plus tôt, la crise agricole si pénible que nous venons de traverser aurait pu être, sinon conjurée, tout au moins singulièrement atténuée.

La loi qui vient d'être votée par le Sénat et qui institue des Chambres d'agriculture régionales ne tardera pas, espérons-le, à devenir définitive et elle va au-devant de tous les vœux du monde agricole; par elle, l'agriculture entrera à pleines voiles dans l'organisation régionaliste qui est destinée à élargir en les simplifiant nos vieux cadres tombant de vétusté et à donner à notre esprit de réforme un terrain d'action assez vaste pour s'y mouvoir librement et briser toutes les résistances administratives.

Le jour où les nouvelles Chambres pourront fonctionner, l'horizon agricole s'éclaircira rapidement, leur rôle et leur mission se dessineront de suite et il est facile de tracer leur programme en allant du simple au composé.

Leur premier devoir, le plus urgent, sera de dresser le plan d'organisation ou plutôt de réorganisation de chaque région en examinant les unes après les autres les principales branches de culture qui sont la base de sa prospérité et en recherchant les moyens les plus rapides, les plus efficaces de réaliser ce plan.

Cette question des voies et moyens sera certainement la plus difficile, la plus complexe, et c'est ici que commencera le rôle actif des Chambres nouvelles.

Placées entre les agriculteurs et le Gouvernement, elles devront opérer des deux côtés; du côté des agriculteurs elles auront un énergique effort à faire pour les amener à comprendre qu'ils ne peuvent rien isolés et qu'ils sont condamnés par leur isolement à lutter dans les conditions les plus désavantageuses Il est nécessaire aujourd'hui que chaque agriculteur comprenne bien qu'il a tout intérêt à s'embrigader dans la Société locale la plus voisine de lui

C'est ainsi que les Chambres d'agriculture devenues le grand moteur du progrès agricole seront amenées à prendre en main la haute direction de nos Sociétés d'agriculture locales, elles les pousseront à provoquer partout la création de Syndicats et de Sociétés coopératives de toute nature en même temps que celle de Sociétés d'assurances et de crédit. C'est également aux Chambres d'agriculture qu'il appartiendra de prendre en main et de faire aboutir cette colossale opération du remembrement général dont les conséquences sur le développement de notre richesse agricole sont incalculables. Nous en dirons autant du machinisme agricole et de l'utilisation des forces hydrauliques qui nous préparent une véritable révolution en agriculture comme en industrie.

A côté des œuvres locales, les Chambres d'agriculture auront le droit d'en créer d'autres pour leur propre compte, de plus haute importance, qu'elles pourront entreprendre à leurs risques et périls. Un article de la loi nouvelle les autorise « à créer ou à subventionner tous les établissements, institutions ou services d'utilité agricole intéressant leur circonscription ».

L'énumération de ces œuvres serait trop longue puisqu'elles varieront forcément d'une région à l'autre. Indiquons seulement, à titre d'exemples, les Associations de toute nature, les Expositions, les Magasins généraux, les œuvres d'enseignement, les travaux publics d'un haut intérêt pour l'agriculture, desséchements de marais, irrigations, etc.

Une des plus importantes sera la propagande pour le retour à la Terre et le recrutement du personnel agricole dans toutes les classes de la population par la création d'un Office régional de placement comprenant des succursales dans chaque département. Ici encore, l'initiative individuelle et la décentralisation sont les premières conditions du succès Si l'État a.ait la prétention de conduire et de diriger tout seul un si vaste mouvement, il n'obtiendrait que des résultats absolument insuffisants et il retarderait le ralliement à l'agriculture au lieu de l'activer.

Sans doute son concours est indispensable et le Ministère de l'Agriculture doit avoir son organisation spéciale de placement, ne fût-ce que pour le recrutement de la main-d'œuvre coloniale et étrangère, mais à l'intérieur, il doit marcher la main dans la main avec les Associations libres, sans avoir la prétention de les absorber.

Notre observation s'applique à plus forte raison au Ministère du Travail qui cherche à accaparer le placement agricole; il n'y aurait pas de plus sûr moyen d'en tarir les sources et d'accentuer la désertion des campagnes.

Il faudra enfin que les Chambres d'agriculture fassent tous leurs efforts pour attirer ou retenir à la terre les hésitants et les déserteurs; elles devront pour cela mettre leur amour-propre à augmenter sans cesse le confort et l'agrément de la vie au village afin d'en rendre le séjour de plus en plus agréable

***

Nous avons suffisamment marqué la place et le rôle si important des Chambres d'agriculture dans l'œuvre de notre reconstitution agricole, pour être en droit de conclure qu'elles vont devenir la cheville ouvrière de tous les progrès, de toutes les réformes pratiques et qu'elles formeront comme les différents corps d'armée qui doivent conduire nos agriculteurs à la bataille et à la victoire.

Mais au-dessus des corps d'armée il faut toujours un état-major général qui les relie entre eux, qui règle la marche des opérations et qui réunisse les moyens de vaincre. Il en est de même pour la bataille agricole : c'est qu'en effet, au-dessus des nombreuses questions qui intéressent surtout la région, il existe une foule de problèmes considérables et très complexes qui dominent toutes les régions et dont la solution intéresse toute la France. Il est nécessaire qu'ils soient étudiés de plus haut par des organismes de caractère général et national. Pour la discussion de ces grands intérêts il est naturel que l'agriculture toute entière soit représentée auprès du gouvernement et du parlement et qu'elle puisse agir sur eux.

En Allemagne, c'est la grande Centrale Agricole qui joue ce rôle d'avocat général de l'Agriculture, en France nous avons la bonne fortune d'être supérieurement outillés à ce point de vue; au lieu d'une Centrale nous en avons trois.

Ce sont d'abord nos deux grandes Sociétés libres qui rayonnent sur toute la surface du pays : celle des *Agriculteurs de France* qui constitue à elle seule une véritable administration à la tête de laquelle se trouve placé le vénéré M. Pluchet, le roi des agronomes par la science pratique et l'expérience consommée, et sa grande sœur la *Société Nationale d'encouragement à l'Agriculture,* dirigée avec tant de dévouement et d'autorité par M. le Président Loubet, enfin, au-dessus d'elles, l'*Académie Nationale d'Agriculture,* la plus ancienne Société officielle de France qui contient tous les grands chefs de l'Agriculture. Son autorité est reconnue partout, et sous l'énergique et méthodique impulsion de son secrétaire perpétuel, M. Henri Sagnier, un des plus anciens, des plus fermes et des plus habiles défenseurs de l'Agriculture, elle n'a pas cessé de dresser depuis le début de la guerre les grandes lignes du programme agricole de l'avenir

Ces puissantes Associations doivent devenir de plus en plus actives; mais leurs efforts produiront d'autant plus d'effet qu'ils seront plus étroitement conjugués avec ceux des Chambres d'agriculture et des principales Sociétés d'agriculture auxquelles elles devront offrir leurs conseils, leur appui et même leur concours matériel Ainsi se constituera définitivement l'immense hiérarchie des Associations agricoles qui n'a jamais existé que sur le papier et dont il est temps de faire une réalité, si on veut donner à nos agriculteurs une organisation complète et forte en leur mettant en main tous les moyens de porter l'agriculture française à son plus haut degré de puissance et de rayonnement.

*
* *

Un dernier mot sur le rôle et l'action de nos grandes Sociétés d'agriculture dans un domaine spécial qui leur est réservé et où elles peuvent exercer une action considérable. Nous ne saurions trop le redire : le problème agricole n'est pas d'ordre simplement économique, il a un côté moral qu'il ne faut jamais perdre de vue quand on cherche sa solution et on ne parviendra à créer dans toutes les couches de la population le grand courant du

retour à la terie qu'en se livrant à une propagande
d'idees incessante et de nature à impiessionner la
masse de la population.

L'action quotidienne sur l'opinion publique
apparaît ainsi comme un article capital du programme de demain ; sans doute elle s'exerce déjà
d'elle-même comme nous l'avons dit, en faveur de
l'agriculture, par un choc en retour de la guerre
elle-même qui a fait tant de conversions à la terre,
mais il faut saisir sur le vif ce bon mouvement,
l'entretenir et l'accélérer dans la crainte qu'il ne
s'éteigne

Ici les agriculteurs ne peuvent presque rien et la
tâche échoit aux véritables Directeurs de l'esprit
public et de la conscience nationale, à la Littérature, à la Presse, aux orateurs, aux conférenciers.
Il ne s'agit de rien moins que d'une véritable croisade à mener d'un bout de la France à l'autre, une
croisade qui peut produire de merveilleux résultats
si elle est conduite par des hommes ayant au cœur
la foi qui soulève les montagnes. La voie a été
ouverte par des précurseurs comme M. René Bazin
et l'immense écho qu'a eu sa voie éloquente prouve
suffisamment combien mûrissait déjà l'amour de la
Terre. Il a aujourd'hui des émules nombreux qui
font jaillir en gerbes d'or ces grandes vérités
naguère reléguées au second plan, la reconstitution
de l'esprit de famille, la simplicité de la vie, le
bonheur dans la médiocrité, enfin les avantages de
la profession agricole qui concentre toutes ces
vertus et leur crée leur milieu naturel.

Après la littérature, la presse, la grande presse
surtout, aura, elle aussi, à faire son évolution pour
substituer l'étude des questions d'intérêt national

qui s'imposent à notre patriotisme, aux frivolités de l'événement du jour et des nouvelles à sensation.

Les amis de l'agriculture feront bien aussi, pour piquer la curiosité du public et activer le courant de l'opinion, de recourir à cette forme nouvelle si attrayante et si puissante dans sa concision, dont M. Forest a fait dans le *Matin* une véritable tribune, le Tract, qui porte jusque dans les couches les plus profondes de la population les idées les plus neuves et les enseignements les plus profonds

C'est encore à nos Sociétés d'agriculture ou plutôt à leurs chefs qu'il appartiendra de prendre l'initiative de ce grand mouvement et de le diriger.

***

Nous n'avons encore rien dit de la participation du gouvernement à la grande transformation qui se prépare, mais on devine aisément que si nous parlons de lui en dernier lieu ce n'est nullement pour le réduire à un rôle secondaire et humiliant; c'est au contraire parce que nous considérons qu'il est le couronnement nécessaire de l'immense effort qui doit d'abord sortir des entrailles du pays et sans lequel le gouvernement lui-même serait condamné à l'impuissance.

Sa mission n'en est que plus haute et ses devoirs plus pressants. C'est à lui qu'il appartiendra de seconder, de favoriser par tous les moyens dont il dispose l'élan général qui doit répandre dans nos campagnes la soif du progrès et la fièvre de l'action. Il devra se mettre à la disposition des

organisations agricoles pour leur procurer tout ce
qui leur manque; il aura avant tout à leur assurer
sur les marchés étrangers toutes les matières premières, tous les approvisionnements dont elles
auront besoin pour faciliter le passage de l'état
de guerre à l'état de paix et pour porter la production agricole à son maximum d'intensification A l'intérieur, il mettra tout son personnel à
la disposition des agriculteurs pour les conseiller
et les guider. Enfin, et surtout, il activera les
grands progrès qu'il est si urgent d'opérer dans
le domaine scientifique et dans notre enseignement agricole professionnel et technique pour
transformer la mentalité de notre jeunesse et
poser les assises de l'avenir C'est sur ce terrain
de l'éducation générale qui lui appartient qu'il
rendra le plus de services et il est tellement
vaste qu'il suffirait à absorber la meilleure partie
de son activité

Il sera du reste pleinement associé aux travaux
et aux résolutions des Sociétés et des Chambres
d'agriculture puisqu'il a le droit de prendre part
par ses délégués à leurs délibérations et de leur
soumettre sur toutes les questions ses observations
et ses objections Il se fera ainsi entre elles et lui
un échange incessant d'idées qui doublera son
autorité et lui permettra de se mettre à son tour à
la tête du mouvement pour le compléter et le faire
aboutir.

Il a, à côté de lui, le Conseil supérieur de
l'Agriculture, composé de sommités du monde
agricole, sur lequel il pourra s'appuyer pour les
résolutions les plus importantes qu'il aura à
prendre Il est vrai qu'il ne peut guère le consulter

que sur des questions de principe, il est beaucoup
trop nombreux pour tenir des sessions régulières
et ce n'est pas en quelques séances solennelles qu'il
peut avoir la prétention de rédiger les cahiers de
l'agriculture

Il faudra enfin, pour agir vite et bien, que le
Ministère de l'Agriculture se décide à décentraliser
ses services, il ne peut pas continuer à tout faire
passer par la rue de Varennes et il est urgent de
décharger le personnel du Ministere de la formidable paperasserie qui absorbe et decourage ses
éléments les plus intelligents et les plus actifs.
C'est sur place qu'il faut désormais trancher définitivement une foule de questions quand elles ont
eté bien étudiees, tout au plus pourrait-on introduire pour des cas exceptionnels le droit d'appel
du ministre Il faudra donc renforcer tous les
services départementaux et leur constituer une
sorte d'autonomie qui leur donne le sentiment de
leurs devoirs et de leur responsabilité Sur ce
point essentiel, le Ministre actuel de l'Agriculture, M. Boret a été au-devant des vœux les
plus hardis du monde agricole dans le vaste programme de reforme agricole qu'il a élaboré et
soumis à l'examen des grandes Sociétés d'agriculture

C'est ainsi que se fera la soudure entre les
groupements agricoles de tout ordre et le gouvernement, celui-ci pourra alors prendre la tête de
l'armée agricole sans l'étouffer et l'annihiler par
son omnipotence Il est permis d'espérer que le
jour ou tous les organismes libres qui composeront
la représentation de l'agriculture pourront, dans
ces conditions, entrer en action sous son ég

nous serons bien près du but qu'il s'agit d'atteindre, car nous opérerons sur un plan de res-
tauration bien mûri et les moyens de le réaliser
seront assurés par l'entente confiante de tous les
représentants de l'agriculture et des pouvoirs
publics

———

CHAPITRE XV

LA NATALITÉ

Nous avons terminé l'analyse du programme d'action économique de demain, c'est-à-dire de l'ensemble des moyens les plus capables de relever la France et de lui assurer l'avenir dont elle est digne; mais, il faut le dire bien haut, nous ne ferons rien de définitif et nous ne pourrons recueillir le fruit de nos efforts que le jour où nous aurons donné à toutes les réformes que nous avons envisagées leur couronnement indispensable, qui est devenu pour nous une question de vie ou de mort, le relèvement de notre natalité.

Il faut en finir avec cette plaie hideuse de la
dépopulation que la France porte au flanc depuis
plus d'un demi-siècle, et qui l'aurait tuée pour
jamais si le réveil du vieux sang gaulois ne nous
avait pas encore une fois sauvé du désastre.

Mais c'est un jeu terrible que nous ne pouvons
pas continuer et nous n'avons plus de ce côté une
seule faute à commettre si nous ne voulons pas être
rayés de la carte du monde. Partout le fleuve
humain monte et submerge ses rives pendant que
la France reste stationnaire Qui pourrait croire
que la voracité du vautour qui la guettera demain
plus que jamais lui permettra de jouir en paix du
plus magnifique jardin du monde si elle est incapa-
pable de le cultiver et de le défendre Allons-nous
rester en face du minotaure avec un excédent de
naissances sur les décès qui en 1913 ne dépassait
pas 41 000 quand il atteignait en Allemagne 859 000,
ce qui a fait dire si éloquemment à M. Charles
Benoist · « Ce pays qui n'a pas eu peur de la mort
a eu peur de la vie »

C'est la cinquième fois depuis 125 ans que la
France est envahie par l'Allemagne; prenons-y
garde et ne comptons pas trop sur la Société des
Nations pour nous couvrir en cas de danger.

Disons-nous bien que l'Allemagne ne nous par-
donnera jamais la cruelle humiliation que nous
venons de lui infliger et qu'au fond de l'âme allemande, l'idée de revanche sera éternelle. Tâchons
donc de lui enlever la tentation de se jeter sur nous
comme sur une proie facile.

Mais pour la désarmer et lui arracher la pensée
de la revanche, il est indispensable qu'elle se rende
bien compte que nous sommes aussi résolus et

même plus résolus qu'elle à guérir la maladie qui nous ronge et à avoir désormais le plus d'enfants possible Il faut pour cela que nous regardions le problème bien en face et que nous employons tous les moyens de nature à réveiller l'instinct prolifique dans toutes les classes de la population

Jetons un rapide coup d'œil sur les principaux. On met beaucoup en avant aujourd'hui les récompenses en argent, les primes à la natalité, et on propose d'ouvrir à notre budget un crédit de subventions abondantes et très larges Sans doute il est juste et excellent de venir en aide sous toutes les formes à ceux dont les ressources sont insuffisantes pour élever une nombreuse famille ; il ne faut pas que les égoïstes aient, pour s'abstenir de faire leur devoir, la raison ou le prétexte qu'ils sont matériellement dans l'impossibilité de le remplir, mais ce serait une grande illusion de croire qu'on arrivera par ce seul moyen à des résultats suffisants.

Disons d'abord que les primes à la natalité ne peuvent guère produire d'effet utile que dans les classes pauvres et il faut leur rendre cette justice qu'elles sont en général plus prolifiques que les classes aisées ; sans doute avec les primes elles le seront davantage encore et cette seule raison suffit à les justifier. Mais il reste à côté des petits ménages sans ressources une quantité innombrable de chefs de famille qui ne réclameront pas d'assistance et qui sont de ceux qui se restreignent le plus ; cette catégorie d'abstinents va du petit rentier au fonctionnaire, et du petit bourgeois aux riches bourgeois

Ces classes si nombreuses pourraient certaine-

ment élever beaucoup d'enfants, si elles le voulaient, et il faut aller au fond de leur conscience
pour découvrir les raisons secrètes qui les décident
à en réduire le nombre. En Allemagne on n'a pas
besoin de primes pour décider toutes les classes
de la société à faire leur devoir et quand on en
recherche les causes on découvre tout de suite
les raisons déterminantes qui entraînent les deux
pays dans des voies si opposées. Il suffit d'un
peu d'observation pour apercevoir que la différence entre eux tient surtout à la différence de
leur mentalité

L'Allemand met son amour-propre à avoir beaucoup d'enfants ; l'enfant est pour lui un trophée, il
en est fier comme d'un succès personnel Sans
doute il calcule d'avance, avec son esprit pratique,
ce que l'enfant pourra rapporter à la famille quand
il sera arrivé à l'âge d'homme ; mais il calcule aussi,
avec son orgueil national, ce qu'il rapportera à la
patrie allemande par l'accroissement de sa puissance économique et militaire L'augmentation
croissante de la population est pour l'Allemand un
de ses plus grands sujets de fierté et il saisit toutes
les occasions de l'afficher.

Il est facile d'en donner la preuve par un simple
constat. On pouvait voir à l'exposition d'hygiène
de Stuttgard, en 1914, un immense tableau établis-
sant qu'il naissait en Allemagne un enfant toutes
les 16 secondes, soit en une heure 225 enfants dont
116 garçons et 109 filles ; qu'en outre, il venait au
monde, chaque heure, 6 enfants mort-nés et deux
jumeaux. La mort marche beaucoup moins vite, il
n'y a de décès que toutes les 28 secondes

En résumé, sur 225 naissances en une heure on

ne compte en moyenne que 125 décès, d'ou cette conclusion triomphante proclamée à la face du pays que la population de l'Allemagne s'accroît en moyenne de iv0 unités par heure.

On reste confondu devant ce chef-d'œuvre statistique qui montre si bien ce qu'est le cerveau de l'Allemand, une boîte à mathématiques ; mais ce qu'il faut retenir de cet affichage orgueilleux, c'est la conclusion qu'il comporte et la leçon qui s'en dégage pour nous

Il est temps que nous mettions, nous aussi, notre amour-propre comme l'Allemagne à avoir beaucoup d'enfants et que nous agissions en conséquence. Rien ne peut remplacer ce sentiment-là et il suppose de notre côté un changement d'esprit complet

Le nôtre laisse malheureusement beaucoup à désirer, surtout dans la petite et dans la haute bourgeoisie. Il suffit pour s'en convaincre de scruter les raisons secrètes qui font du père de famille français un être si différent du père de famille allemand.

Il y a d'abord les égoïstes qui ne veulent pas avoir d'enfants ou qui en limitent le nombre pour ne pas s'imposer la moindre privation et jouir pleinement de la vie, mais ceux-là sont plus rares qu'on ne croit Ce qui abonde au contraire, ce sont les excellents pères de famille adorant leurs enfants, et qui n'ont qu'une pensée, celle de leur épargner les difficultés de la vie en leur assurant à tout prix non seulement le bien-être mais la fortune ; moins ils en ont, plus ils croient faire leur bonheur.

Il faut dire la vérité, nous aimons trop nos

enfants dans le mauvais sens du mot et nous faisons trop souvent leur malheur en croyant les rendre heureux Nous voulons qu'ils soient encore plus riches que nous et nous ne sommes tranquilles que lorsque nous pouvons nous dire : j'ai bien rempli ma vie, mon fils ne manquera jamais de rien, il pourra même se dispenser de travailler.

C'est de cette mentalité déprimante qu'est sorti le funeste système des dots pour les garçons aussi bien que pour les filles qui est une des nombreuses cause du recul de la natalité au sein de la bourgeoisie. Dans l'intérieur des familles, la dot est devenue l'éternel cauchemar du chef de famille, on hésite à avoir un enfant de plus dans la crainte de diminuer celle des enfants existants, le père et la mère en rougiraient comme d'un vol. Qu'on s'étonne après cela que les familles d'un ou de deux enfants tendent à devenir la règle

Nous devrions bien profiter de la présence des Anglais et des Américains sur notre sol pour les imiter et reformer nos mœurs sur ce point. En Angleterre, aux Etats-Unis, l'abus de la dot est inconnu et elle n'est qu'une rare exception. On y a remplacé la dot par l'Association des efforts en famille; l'Américain le plus riche habitue de bonne heure son fils à l'idée qu'il doit gagner sa vie en faisant choix d'une carrière utile. Il ouvre largement sa caisse pour lui fournir le capital dont il peut avoir besoin; mais il ne lui vient jamais à l'idée de le doter pour lui permettre de vivre de ses rentes. La famille américaine est au premier chef une vaste société et plus elle compte d'associés, c'est-à-dire d'enfants, plus elle est fière et relève la tête. Au lendemain de la guerre, il faudra bien

que nous en venions là nous aussi, parce qu'il sera
nécessaire que tout le monde travaille et nous
y serons conduits par la force des choses C'est
ainsi que, par une voie détournée, le règne des
familles nombreuses s'imposera à la bourgeoisie
comme au reste de la nation.

*
* *

Ce que nous venons de dire de la mentalité d'un
grand nombre de chefs de familles s'applique surtout aux habitants des villes, aux classes bourgeoises. Tournons maintenant nos regards du côté
de la campagne et de l'agriculture ; ici nous nous
trouvons dans un autre milieu, un milieu infiniment
plus favorable au développement d'une natalité
intense

La raison principale en est simple : pour avoir
beaucoup d'enfants, il faut avant tout les aimer, et
pour les aimer, il faut aimer la famille et mettre
tout son bonheur dans les jouissances qu'elle procure. Or, c'est à la campagne qu'est le centre
rayonnant de l'esprit de famille parce que c'est là
que la famille se concentre le plus sur elle-même et
que le père est véritablement un chef

A la raison de sentiment s'en ajoute une autre,
une raison d'intérêt d'une puissance irrésistible. A
la campagne, les enfants, bien loin d'être une charge,
sont un capital productif; à l'âge le plus tendre ils
commencent à rendre des services qui ne coûtent
rien et ils ont prouvé pendant la guerre de quoi ils
étaient capables.

Nos statistiques sont sur ce point tout à fait
démonstratives. Celle de 1906 à 1911 établit que

pendant cette période l'excédent des naissances sur
les décès a été dans les communes rurales de
150 000 quand, au contraire dans les communes
urbaines ce sont les décès qui ont été en excédent
de 48 000 sur les naissances

Mais ces excédents de naissances dans nos campagnes n'en sont pas moins insuffisants et hors de
proportion avec les immenses besoins actuels de
notre agriculture. Ils l'étaient déjà avant la guerre
et ils ne parvenaient pas à compenser l'émigration
croissante des populations rurales vers les villes,
car, les mêmes statistiques nous apprennent que les
campagnes ont perdu depuis 1851 près de 4 millions
d'habitants Elles font ressortir que cette diminution
a surtout porté sur les régions industrielles de l'Est,
qui soutiraient incessamment toute la main-d'œuvre
des campagnes pour les besoins de l'industrie. Les
autres, au contraire, les régions exclusivement agricoles comme celles de l'Ouest, n'ont pas cessé de
se repeupler et là, les progrès de l'agriculture ont
été continus parce qu'ils étaient favorisés par une
main-d'œuvre abondante. En Bretagne les landes
ont été défrichées, la chaux et les phosphates ont
été prodigués aux terres et le bétail a fait les mêmes
progrès que la terre Aussi la valeur de celle-ci n'a
fait que s'accroître; son revenu qui n'était que de
29 francs à l'hectare en 1851 s'est élevé à 49 francs
en 1879 et à 51 francs en 1908 pendant que dans les
régions industrielles de l'Est il tombait de 42 francs
en 1879 à 29 francs en 1908

Il ressort avec la clarté de l'évidence de cette
leçon de choses que la question de la main-
d'œuvre domine tout le problème agricole et que
l'agriculture ne peut reprendre son essor qu'en

augmentant de plus en plus le nombre de ses enfants.

Or, il semble bien que la natalité dans les milieux ruraux, quoique très supérieure à celle des villes, a, depuis un certain temps, une tendance prononcée à reculer au lieu de progresser; le fait n'est que trop certain et il faut en rechercher les causes profondes. Il en est une que nous avons déjà signalée et sur laquelle on ne saurait trop insister, c'est la pauvre installation d'un trop grand nombre d'ouvriers agricoles dont le logement est tellement misérable que la vie de famille y est impossible pour eux, ils ne peuvent être ni maris ni pères dans les taudis où on les relègue et la première réforme qui s'impose est celle de leur habitation. Il ne suffit pas de les loger, il faut aujourd'hui aménager pour eux des maisons agréables qui puissent rivaliser avec celles des ouvriers des villes. Il y a là un grand devoir social à remplir et un moyen infaillible pour relever la natalité dans les couches profondes de la population agricole.

Mais la maladie ne s'arrête pas là, elle fait également des ravages, pour d'autres causes, dans le monde des chefs d'exploitation, qui auraient cependant intérêt à avoir de nombreux enfants Comment se fait-il qu'ils soient insensibles aux innombrables avantages qu'ils pourraient en retirer?

Sans doute l'égoisme familial qui s'est infiltré de la ville à la campagne y est pour quelque chose. Dans les milieux agricoles un peu riches, beaucoup de pères de famille ont voulu eux aussi, comme à la ville, avoir des enfants riches et ils en ont réduit le nombre pour grossir leur part; mais il est une autre raison qui a encore plus d'influence sur leur esprit pour les pousser à la restriction familiale et à laquelle nous ne prêtons pas une suffisante attention

Elle est dans ce sentiment indestructible qui est au fond de l'âme du rural et qui domine tous les autres, l'attachement passionné, presque superstitieux, à sa terre, à l'œuvre qu'il a créée, qu'il a soignée comme un peintre soigne son tableau et sur laquelle il rêve de mettre le cachet de son nom. La pensée qu'elle pourrait être vendue au lendemain de sa mort, ou même seulement coupée en morceaux, lui déchire le cœur et lui ôte tout courage.

Or il n'ignore pas qu'il y a un article de notre Code qui rend le partage en nature obligatoire quand il y a plusieurs enfants et qui rend même obligatoire le partage en justice quand il y a des mineurs, ce qui menace la réalisation de son rêve, la conservation de ce qu'il a créé. Il prévoit que, les enfants ne pouvant pas s'entendre, la propriété sera vendue et son souvenir enseveli avec elle

C'est sous l'obsession de ce cauchémar qu'il est amené à se contenter de l'unique héritier qui doit prendre sa place et perpétuer sa mémoire. Il accepte encore d'avoir un second enfant avec la pensée que les deux frères pourront s'entendre pour ne rien changer au domaine qu'il a passé sa vie à créer; mais, pour rien au monde il ne voudrait d'une grande famille qui le disloquerait et qui se disperserait.

Cette funeste législation, dont M. Le Play a pu dire qu'elle avait plus affaibli la France que la perte de cent batailles, a toujours été conservée par une sorte de fétichisme juridique, mais elle peut être aujourd'hui jugée à ses fruits

Elle n'a pas eu seulement pour résultat de réduire notre natalité agricole, elle a été en même temps une des causes actives de la désertion de la terre, combien d'agriculteurs, pères de famille, préoccupés de ce qui arriverait au lendemain de leur mort, inquiets à la pensée que leurs enfants ne s'entendraient pas pour conserver et continuer l'exploitation du domaine, grand ou petit, sur lequel ils avaient concentré toutes leurs espérances d'avenir, ont pris le parti desespéré de le vendre à tout prix de leur vivant pour se transporter à la ville. Combien ont suivi machinalement cet exemple et provoqué ainsi de proche en proche ce détachement de la terre qui a tant contribué à la crise agricole

Ces conséquences ont été si souvent denoncées que les milieux parlementaires ont fini par s'émouvoir et on s'est mis à chercher un remède au mal. On avait cru le trouver dans l'institution du bien de famille insaisissable qui permet au chef de famille non seulement de mettre sa propriété à l'abri du danger de saisie, mais qui lui confère encore le droit, s'il y a des mineurs à son décès, de prolonger l'indivision jusqu'à leur majorité

C'était aborder le problème par le petit côté au lieu de l'aborder de front et les résultats obtenus ont été insignifiants ; l'application de la loi a été réduite à des cas très rares et souvent peu intéressants Nos braves agriculteurs se considéraient comme déshonorés s'ils affichaient la pensée, en constituant leur petite fortune en bien insaisissable, de se soustraire au paiement de ce qu'ils doivent

Et puis, ils ont une autre crainte qui n'est pas sans fondement, c'est que personne ne veuille leur faire crédit Ces deux raisons réunies expliquent le peu de succès de la réforme et il vaut mieux le confesser franchement que de s'entêter dans un système que l'expérience a jugé.

Il ne nous reste plus maintenant qu'à revenir aux vrais principes, à la liberté pour le chef de famille de tester et de régler par testament le partage de sa succession comme il l'entend en maintenant l'unité du domaine familial tout en faisant équitablement la part de chaque enfant

L'exemple des États-Unis et de l'Angleterre est là pour prouver que le système est pratique et ne peut donner que de bons résultats. L'Angleterre a conservé la liberté de tester, limitée seulement dans certains cas par le droit d'aînesse. On en connaît les résultats au point de vue économique : l'aîné reste sur le sol de la mère patrie pour gérer le patrimoine commun et les cadets se répandent dans le monde entier, ce sont eux qui ont fondé ces admirables colonies dont ils ont fait le support de la puissance anglaise dans le monde.

Aux États-Unis les résultats ont été les mêmes; leur magnifique développement économique repose sur le droit du père de famille de disposer de sa fortune comme il l'entend.

La voie est aujourd'hui ouverte et nous pouvons nous y engager hardiment; le moment est venu de réviser notre législation dans le même sens et d'abroger les dispositions de nos codes qui entravent la liberté pour le père de famille de faire le partage de sa fortune comme il l'entend. Disons-nous bien que de tous les moyens d'aviver l'esprit

de famille qui est à la racine de toutes les réformes de l'avenir il n'en est pas de plus actif, de
plus puissant que la conservation du nid familial

C'est ainsi que se reconstitueront avec le temps,
dans notre pays, au grand profit de notre agriculture, ces belles familles terriennes qui formaient
une véritable noblesse rurale et qui, de père en fils,
se transmettaient le domaine auquel elles avaient
attaché leur nom. Nous en possédons encore, malgré notre législation, un grand nombre en France
dont les noms sont sur toutes les lèvres et qui, au
milieu du désarroi agricole général, sont restées
comme des ancres au centre de certaines régions.
Leur rayonnement s'est fait sentir bien souvent
dans un département tout entier et c'est à elles
qu'on doit certainement les plus grands progrès
agricoles accomplis depuis un demi-siècle

Au lendemain de la guerre il faut qu'elles fassent
école et deviennent un drapeau qui conduira à la
victoire de la Terre les indécis et les découragés,
quand elles auront ouvert la voie, tout le monde
les suivra

CONCLUSION GENERALE

GRANDEUR DE LA TACHE A ACCOMPLIR || SITUATION DU PAYS AU LENDEMAIN DE LA GUERRE. || SA RECONSTITUTION ÉCONOMIQUE ET FINANCIÈRE. || INSUFFISANCE DE LA CONTRIBUTION ALLEMANDE POUR RELEVER LES RUINES DE LA GUERRE ET COUVRIR NOS PERTES || ATTITUDE A PRENDRE || COMPENSATIONS DE L'AVENIR, CONCOURS DE NOS ALLIÉS || APPEL A L'UNION DE TOUS LES FRANÇAIS, CONDITION PREMIÈRE DE NOTRE RECONSTITUTION. || LE RÈGNE DE LA FRATERNITÉ, DESARMEMENT DES PARTIS POLITIQUES || PLUS DE GUERRE RELIGIEUSE || LA PAIX SOCIALE ET LE PROBLEME SOCIAL || LA GUERRE DE CLASSES ET LA CONFÉDÉRATION GENÉRALE DU TRAVAIL || EXEMPLE DES ETATS UNIS || NOUVELLES LOIS SOCIALES RÉALISANT L'ASSOCIATION DE PLUS EN PLUS ÉTROITE ENTRE PATRONS ET OUVRIERS || SOLIDARITÉ DE LEURS INTÉRÊTS || L'UNION DANS LE MONDE AGRICOLE. || LA CONFÉDÉRATION GENÉRALE AGRICOLE. || DERNIER TERME DE L'EVOLUTION ÉCONOMIQUE, L'HARMONIE DES INTÉRÊTS DANS UNE SOCIÉTÉ NOUVELLE.

Nous en avons fini et nous demandons pardon à nos lecteurs d'en avoir peut-être trop dit dans la crainte de n'en pas dire assez; mais nous avons voulu jeter en terre le plus de semence possible, sachant bien que le vent en emporterait toujours une partie. Si elle ne lève pas tout de suite, elle restera en germe pour les récoltes de l'avenir; car l'avenir est sans bornes, si on veut aller jusqu'au bout de l'effort et faire briller demain une France nouvelle, transformée par ses épreuves et rayonnante de santé

Mais la tâche est immense et, quand on l'envisage froidement, on se sent pris d'effroi, on se demande comment une nation, désemparée au début de la guerre et qui a dû en quelque sorte tout créer sous le feu de l'ennemi pour échapper à l'esclavage qui la menaçait, qui a été l'unique point de mire de l'envahisseur, et qui a donné tout son sang, la meilleure partie de son territoire, tout son argent, pour le salut du monde, pourra demain renaître à la vie et sortir des ruines sous lesquelles elle a été comme ensevelie Jamais, croyons-nous, à aucune époque, on n'a vu un grand peuple aussi accablé dans son triomphe

Disons-le tout de suite, ces inquiétudes ne sont pas vaines, et rien ne serait plus dangereux que de nous mettre un bandeau sur les yeux. Nous avons tâché de faire comprendre aux plus optimistes que nous serons, au lendemain de la guerre, aux prises avec d'innombrables et formidables difficultés dont nous ne pourrons sortir qu'en les regardant bien en face.

Elles nous apparaissent aujourd'hui plus que jamais dans leur poignante réalité les résolutions auxquelles s'est arrêtée la Conférence de la Paix ne sont pour nous qu'une victoire, hélas! bien relative. Certes, nous n'avons jamais pensé qu'elle nous donnerait complète satisfaction; mais, nos prévisions, cependant si modérées, ont été réduites dans de telles proportions que notre dette de guerre restera écrasante, et le relèvement de nos charges budgétaires hors de proportion avec nos forces contributives actuelles.

Dans une situation semblable, que nous reste-t-il à faire? protester, bouder, nous isoler dans notre mauvaise humeur. A quoi bon? Nous ne pourrions qu'aggraver notre situation au lieu de l'améliorer en risquant d'éveiller les susceptibilités de certains de nos Alliés. N'oublions pas que nous n'en sommes qu'à la première période de la liquidation qui est forcément la plus pénible, la plus difficile, et que le règlement définitif de la dette de l'Allemagne est une opération de longue haleine dont les résultats dépendent beaucoup de la façon dont il sera exécuté; il dépend des Alliés qu'il le soit à notre profit et dans la mesure de nos souffrances.

Ils auront d'ailleurs d'autres moyens encore de venir à notre secours auxquels il faudra songer. Pour traverser sans trop en souffrir la période angoissante dans laquelle nous allons entrer, l'idée a été mise en avant, et elle gagne tous les jours du terrain, d'organiser une sorte de consortium financier des grandes Puissances alliées, qui permettrait aux vainqueurs de gagner la paix comme ils ont gagné la guerre, par la mise en commun de leurs forces financières. En se cautionnant les unes les autres, elles pourraient s'assurer les ressources nécessaires pour permettre aux plus éprouvées de se remettre au travail et de rétablir l'équilibre de leurs budgets sans écraser les populations d'une dette supérieure à leur capacité productive.

Nous pourrions ainsi gagner du temps et c'est beaucoup; mais un ajournement n'est pas une solution, et c'est une solution qu'il nous faut pour assurer notre relèvement définitif. Elle s'impose plus que jamais, si nous voulons rétablir notre fortune, et elle est tout indiquée. Il faut que nous nous mettions au travail sans perdre une minute pour réaliser point par point le programme de reconstitution économique et financière que nous venons de tracer. C'est le seul moyen qui nous reste d'atténuer l'insuffisance de la contribution allemande et de ne pas succomber sous le poids des impôts.

Il faut que nous étonnions le monde par notre sang-froid et notre énergie; mais ce qu'il faut surtout et avant tout pour décupler notre puissance de travail et le résultat de nos efforts, c'est l'union réfléchie et inébranlable de tous les Français dans un nouvel élan de patriotisme. L'union est aujourd'hui pour nous une question de vie ou de mort, si nous commettions la faute, on pourrait dire le crime, de nous entre-déchirer comme de simples Bolchewitschs, ce serait fait de nous, et le prestige de notre héroïsme ne nous sauverait pas de la ruine irrémédiable.

*
* *

Tout nous sera facile, au contraire, si nous comprenons bien que, pour créer une France nouvelle, aussi invincible sur les champs de bataille de la paix que sur ceux de la guerre, il faut que nous soyons fermement résolus à nous remettre dans l'état d'esprit qui, au début de la guerre, nous a sauvés du désastre et qui, en se maintenant jusqu'au bout, a décidé de notre victoire.

A ce moment tous les Français ont vibré à l'unisson, et d'instinct se sont serrés les uns contre les autres pour former un mur infranchissable; la plus légère fissure pouvait en compromettre la solidité, et l'ennemi le savait si bien qu'il a jusqu'à la fin remué ciel et terre pour découvrir le point faible et ouvrir la brèche.

Il en a été pour ses frais : l'âme française est
restée à l'état de bloc inébranlable et rien n'a pu
l'entamer; l'union sacrée, que l'instinct populaire
avait réclamée et proclamée dès le premier jour,
s'est maintenue jusqu'à la victoire, et on a pu voir,
confondus dans le même enthousiasme et se serrant
fraternellement la main, des Français qui, la veille,
ne se regardaient plus et s'insultaient pour de
misérables querelles. L'histoire dira que jamais la
France n'a été plus grande ni plus belle que dans
ces quatre années de lutte sans merci, pendant lesquelles elle a trouvé le moyen de remplacer tout ce
qui lui manquait par l'héroïsme de ses enfants et
leur invincible union

Mais la bataille n'est pas finie et il nous faut
aujourd'hui en livrer une autre qui sera plus longue,
si elle n'est pas plus difficile Notre reconstitution
industrielle, agricole, commerciale, financière, va
être pendant des années une lutte de tous les
instants, où les Français de tous les âges et de
toutes les professions seront engagés. La moindre
force perdue peut compromettre le succès de cette
gigantesque opération, et, par conséquent, tout ce
qui serait de nature à nous diviser, à nous épuiser
dans des luttes intestines serait un crime contre la
patrie. L'union, l'union sacrée, reste donc le mot
d'ordre de demain, comme il a été celui d'hier, et
le programme de notre reconstruction nationale
tient tout entier dans cette simple formule : aidons-
nous les uns les autres.

J'ajoute : aimez-vous les uns les autres, et j'ouvre
une parenthèse pour insister sur le rôle capital
d'une vertu républicaine malheureusement reléguée
jusqu'à ce jour au dernier plan : la fraternité, ce

troisième terme de notre belle devise « Liberte,
Égalité, Fraternité » Que d'infidélités nous lui faisons tous les jours? Nous sommes assoiffés de
liberté parce que la liberté répond à la fougue de
notre caractère et à notre esprit individualiste, et
d'égalité parce que l'égalité nous donne des droits
et nous permet de relever la tête Pour la fiater-
nité, c'est autre chose; elle nous impose des devoirs et des sacrifices; elle nous oblige à tiaitei
nos semblables en frères, à leur tendre la main,
fussent-ils d'une autre situation, d'une autre opinion que nous. On a bien voulu lui faire sa part
dans les œuvres privées dont le développement a
été admirable, mais on lui a ferme la porte dans la
vie publique et dans la lutte des paitis qui nous
a fait tant de mal; nous avons us nos forces à
chercher tout ce qui pouvait nous 'ivisei au lieu
de chercher ce qui nous rapprochait

Cette affreuse maladie qui nous a été si nui-
sible dans le passé serait aujourd'hui n suicide
Ce ne sera pas tiop de toutes nos bonn volontés
réunies et soudées ensemble pour remc re à flot
nos industries, notre commerce, notre ag culture,
pour restaurer nos finances et nous perm ttre de
faire honneur à nos engagements, enfin poui ccompli-
plir les innombrables réfoimes sans lesquell nous
serions condamnés à végéter pauvrement ci laiss-
sant passer devant nous les grandes nations ui,
pendant que nous nous entre-déchirions, ont ris
la tête du progrès dans le monde.

Si les Français ne se décidaient pas à oublier s
misérables querelles, les rancunes du passé, poi
marcher la main dans la main, les yeux uniquc
ment fixés sur le but à atteindre, c'est que la leçon

de la guerre aurait été perdue pour eux, et qu'ils
renonceraient à recueillir le fruit de leur héroïsme;
au lieu d'avancer, ils reculeraient.

C'est ce qu'a admirablement compris, avec sa
grande expérience du passé et son amour de la
France, le grand patriote, le grand citoyen, qui,
depuis un demi-siècle, avait été un des plus mili-
tants en politique. Son patriotisme ardent a fini
par lui ouvrir les yeux et il a compris que, pour
que la France et la Patrie ne fassent qu'un, il fallait
appeler à elles tous les Français sans distinction
de parti et les forcer à s'embrasser en face de
l'ennemi. Et quand la guerre a été finie, ce sont
encore des paroles de pacification qui sont tom-
bées des lèvres de M. Clemenceau

Ecoutez-le parler à la Chambre : « Je voudrais
qu'au moment où l'aurore des grandes et magnifiques victoires se lève, notre pensée soit une pensée d'union. Et qui nous demande cela? la patrie
elle-même. Dans la grande croisade humanitaire
où, d'ailleurs, vous ne serez pas seuls, je voudrais
que nous promettions d'être frères, et que, modi-
fiant un peu l'ancienne formule, si on nous demande qui nous a inspiré cette pensée, nous répon-
dions : la France le veut, la France le veut.... »

*
**

Son appel sera entendu : car, le moment est
bien choisi pour entrer franchement et hardiment dans cette voie nouvelle. Les causes de divi-
sions les plus profondes, les plus aigues, qui
agitaient le pays et l'affaiblissaient avant la guerre,
sont éteintes ou tellement atténuées que rien ne

s'oppose plus au rapprochement de tous les bons citoyens.

La principale de ces causes de division, la forme du Gouvernement, n'a plus aujourd'hui de raison d'être, excepté dans les milieux fanatiques où on aime la guerre pour la guerre. La République n'est plus discutable et elle le sera de moins en moins. L'édifice si péniblement élevé par Thiers, Gambetta et Jules Ferry est aujourd'hui consolidé et assis sur le roc, la République est invincible comme la France Ceux qui se berceraient de l'espoir d'exploiter contre elle les fautes commises avant et pendant la guerre se trompent étrangement sur l'état de l'opinion Ils pourront bien faire le procès aux hommes, aux gouvernants, mais ils n'ébranleront pas la République elle-même, d'abord parce que c'est elle qui a pu faire l'union de tous les Français pendant la guerre et surtout parce que la nation sait bien qu'elle n'a nul besoin de renverser le Gouvernement pour rectifier son orientation, il suffit pour cela de son bulletin de vote. Les monarchistes impénitents n'existeront bientôt plus; en tout cas ils seront de plus en plus rares et de moins en moins dangereux

Voilà déjà l'élément de division le plus important éliminé de la bataille des partis et il ne doit pas troubler l'effort de reconstitution du pays. Du reste, même avant la guerre, la lutte entre républicains et monarchistes n'était déjà plus qu'une façade, un paravent destiné à masquer une autre lutte infiniment plus redoutable, la lutte religieuse.

Elle remonte loin, très loin, et il faut le dire à

l'honneur du parti républicain, ce n'est pas lui qui
le premier l'a déchaînée; c'est le clergé lui-même
qui, au lendemain de 1870, pendant toute la durée de
l'Assemblée Nationale et dans les années qui l'ont
suivie, a le premier commis la faute de se lancer
à fond dans les batailles électorales en faisant
ouvertement campagne pour les candidats monarchistes. C'est à ce moment que le cléricalisme a
pris naissance comme parti politique et on comprend que le parti républicain, obligé de se
défendre, ait à son tour pris position contre lui.

Mais un jour est venu où la guerre au cléri-
lisme a dégénéré en guerre religieuse et où l'on a
mis en interdit non seulement les prêtres mais
même les fidèles qui avaient le courage d'aller
à la messe. Tout le monde a dans la mémoire
les noms des glorieux généraux de la Victoire
tenus pendant si longtemps à l'écart pour leurs
convictions religieuses et que la guerre a placés
au premier rang.

Il faut avoir le courage de le dire, c'est la bataille
religieuse qui, depuis vingt ans, nous a fait perdre
le plus de temps et de forces; elle a faussé toute
notre politique par les passions qu'elle a déchaî-
nées, et paralysé notre activité nationale. Si nous
avions consacré à notre développement industriel,
commercial, agricole, scientifique, la moitié de
l'énergie que nous avons dépensée contre le péril
clérical, nous ne nous serions pas laissé si aisément devancer sur tous les marchés du monde par
des concurrents uniquement occupés de battre
leurs rivaux

Le plus clair résultat de cette lutte fratricide a
été de couper en deux et d'affaiblir le parti répu-

blicain lui-même en jetant les uns contre les autres des hommes faits pour s'entendre Le classement ne s'est plus fait entre républicains et anti-républicains; il s'est fait entre cléricaux et anti-cléricaux et les meilleurs républicains ont été excommuniés quand ils n'ont pas voulu faire de l'anticléricalisme systématique.

La séparation des Églises et de l'État, qui aurait dû au moins donner le signal du désarmement du côté laïque, puisqu'elle enlevait au clergé ses avantages temporels et ses dernières prérogatives, n'a pas mis fin aux méfiances invincibles des partisans de la laïcité à outrance et la lutte a continué sourde et implacable contre tous ceux qui allaient à la messe. A côté des républicains libéraux qui respectent toutes les consciences, qui admettent le droit de croire et de ne pas croire, il en est d'autres qui, partant de cette idée que les prêtres ne peuvent être que des agents de réaction qu'il faut combattre par tous les moyens possibles ne rêvent que de mesures de suspicion ou de compression

***

Mais aujourd'hui les temps sont bien changés et tout le monde sent la nécessité d'une amnistie générale sur le terrain religieux; il faut que les chefs de parti aient le courage de la proclamer et se prononcent hautement pour le désarmement Il s'impose du reste au parti républicain de gouvernement, s'il veut conserver son influence et son autorité sur les masses. Les anti-cléricaux impénitents peuvent se boucher les yeux et les oreilles,

ils n'empêcheront pas qu'après la tempête ef
froyable qui a remué dans leur profondeur toutes
les âmes françaises, qui a mis pendant des années
nos soldats du front en face des plus hauts problèmes de la vie, celui de la Religion, qui n'est
pas autre chose que l'élévation de l'homme au-
dessus de lui-même, ne se soit dressé devant la
plupart d'entre eux et j'entends le mot religion
dans son sens le plus large, celui de la croyance à
l'immortalité de l'âme et à l'existence d'une cause
première, base de toutes les religions.

Ceux qui ont lu attentivement les lettres intimes
de nos poilus ont pu suivre aisément sur ce point
l'évolution de leur psychologie et ce qu'il y a de
plus démonstratif, c'est qu'elles sont bien souvent
écrites par des illettrés qui sont presque étonnés
de s'être découvert une âme. Il est donc facile de
prévoir qu'au courant de scepticisme intellectuel
qui semblait gagner du terrain dans les années qui
ont précédé la guerre succédera très probablement
une vague de spiritualisme qui ramènera à la
religion naturelle et aux religions révélées; il ne
faudra pas songer à la faire reculer sous peine de
déchaîner des luttes violentes qui achèveraient de
nous épuiser.

Surtout, qu'on ne vienne plus nous dire : « Prenez garde voilà le cléricalisme qui relève la tête,
les églises ne désemplissent pas, les prêtres sont
plus puissants que jamais et ils seront bientôt les
maîtres; il n'est que temps de faire des lois de sau-
vegarde pour la société laïque ». Il faut espérer
qu'on ne prêtera plus l'oreille à ces mauvais ber-
gers, ces éternels alarmistes, et que les pouvoirs
publics leur répondront résolument : 'non, l'Etat

n'a rien à voir dans le domaine des consciences, et
puis, nous avons trop de choses, trop de grandes
choses à faire; nous n'avons plus le temps de
manger du curé.

Ce qui nous donne bon espoir pour le lendemain,
c'est qu'aujourd'hui déjà, les libres-penseurs indé-
pendants, ceux qui comprennent la liberté de la
pensée pour les autres autant que pour eux-mêmes,
répudient hautement le sectarisme aveugle qui
traite en ennemis tous ceux qui s'inclinent devant
un dogme. Un des plus éminents parmi eux, qui
est en même temps un des plus courageux, prenait
la plume au début de la guerre pour mettre ses
amis en face de leurs fautes et les supplier d'inau-
gurer une ère nouvelle, l'ère de l'apaisement religieux.

Ce libre-penseur, dont personne ne songera à
contester l'autorité et l'indépendance, n'est autre
que M. Ferdinand Buisson, qui s'exprimait ainsi
dans la Revue *La Renaissance*, du 17 août 1915 :

« Pourquoi ne pas laisser à tous le droit de
penser comme ils veulent? l'heure venue, ils s'en-
tendront sur le devoir admirablement, c'est l'essentiel.

« De là, l'évidente nécessité d'une politique libé-
rale. L'heure est venue de renoncer au mauvais
rêve de l'unité. Apprenons à nous en passer. Il faut
promulguer, a-t-on dit, l'Edit de Nantes des partis.
Oui, mais pour qu'il ne finisse pas comme l'autre,
par une révocation, il faudra un assez profond re-
maniement dans les mœurs politiques, à commencer
par les mœurs électorales...

« Est-il besoin d'ajouter que certaines pratiques
d'hier n'oseront pas reparaître, ne fût-ce que par

pudeur ou sous le fouet de la réprobation publique ; finies les venimeuses querelles de personnes ou de partis, finies les excitations à l'intolérance, à la suspicion, à la haine entre Français, finies les clameurs intéressées dénonçant le cléricalisme de l'un, l'antipatriotisme de l'autre finie la politique de clientèle avec ses commerces de bas étage . »

Supposons le rêve généreux de M. Ferdinand Buisson réalisé, et il le sera parce que le pays pense comme lui et qu'il se montrera impitoyable demain pour ceux qui voudraient reprendre les batailles sans issue de la veille ; la nation, rendue à elle-même, après la formidable épreuve d'où elle n'est sortie qu'à force d'héroïsme et d'union, absorbée par une idée unique et qui dominera tout : vivre d'abord, *primo vivere*, n'écoutera plus les faiseurs de belles phrases et les fabricants de programmes politiques retentissants

Sans doute, il y aura encore des partis, dans le sens large du mot, c'est-à-dire des hommes qui pourront différer d'avis sur la conduite des affaires publiques, mais il n'y en aura plus pour diviser la nation en deux camps toujours prêts à en venir aux mains ; il y en aura comme en Amérique, comme en Angleterre, comme en Suisse, qui lutteront sur le terrain des grands intérêts nationaux et des grandes réformes ; ce seront plutôt des Écoles différentes qui, de bonne foi, chercheront les meilleures solutions aux problèmes de l'après-guerre que des armées de combat. Il y aura par exemple les centralisateurs et les décentralisateurs, les Étatistes et les partisans de l'initiative individuelle ; on sera pour ou contre le régionalisme, pour ou contre la libre échange ou la protection, pour ou

contre tel ou tel système d'impôt, pour ou contre
telle ou telle réforme etc., etc.

Sur toutes ces questions se rencontreront ou se
combattront des hommes qui hier étaient dans des
camps différents et c'est ainsi que par la force des
choses les cadres des anciens partis sont destinés
à craquer de toutes parts pour faire place à des
formations nouvelles où la politique pure jouera
un rôle de moins en moins prépondérant

Il y aura encore de rudes batailles, mais elles
ressembleront à celles qui se produisent journelle-
ment dans le monde des affaires ou chacun défend
ses intérêts avec âpreté mais sans éprouver aucune
animosité personnelle contre l'adversaire d'un jour
qui peut devenir l'ami du lendemain

Il reste cependant un point noir : pour rendre à
notre organisme national toute sa puissance de vie,
il ne suffira pas de mettre fin à la guerre politique
et religieuse qui nous déchire et nous affaiblit depuis trop longtemps, il faudra aussi éteindre une
autre guerre qui serait encore plus meurtrière, la
guerre sociale, que le fanatisme des Chefs fait tout
ses efforts pour raviver et transformer en principe
de Gouvernement

Certes, il n'est personne qui songe à nier l'existence du problème social, qui restera toujours ouvert L'important, c'est que tous les intéressés, patrons et ouvriers, l'étudient avec une entière bonne
foi, sans parti pris, et en ne perdant jamais de vue
que la prospérité des industries est la condition

première du bien-être des ouvriers. Ceux-ci devraient avoir toujours sous les yeux cette pensée
si profonde de Marc-Aurèle qui devrait être inscrite
en lettres d'or sur les murs de tous les ateliers :
« Ce qui n'est pas bon pour la Ruche n'est pas bon
pour l'Abeille. »

Voilà pourquoi il faut proscrire résolument
comme une maladie mortelle la guerre de classes,
c'est-à-dire la guerre pour la guerre, qui ne peut
que ruiner nos industries nationales, les mettre dans
l'impossibilité de lutter contre la concurrence
étrangère et engendrer la misère générale pour la
masse ouvrière.

Prenons exemple sur ce grand peuple des États-
Unis où la loi du travail gouverne tout et purifie
tout, où la prospérité générale qui est sans borne
est le résultat de l'entente, de la fusion de toutes
les classes, parce que toutes les classes comprennent leur devoir de la même façon. Là on n'en veut
pas à son voisin parce qu'il est plus intelligent et
plus riche, parce qu'on n'ignore pas que le bien-
être général ne peut résulter que de la richesse
nationale.

Ces idées font maintenant leur chemin en France
et la masse de nos ouvriers ne voudra pas se
laisser conduire plus longtemps par une minorité
à laquelle la guerre n'a rien appris et qui laisse-
rait périr la France pour assouvir sa haine du
capital. De nouveaux groupements commencent à
se former qui arborent crânement leur drapeau.
Détachons du programme d'un de ces groupements
quelques idées qui le résument :

« Au mot d'ordre de la lutte des classes : diviser
pour régner, nous opposons le nôtre : unir pour

prospérer Le travail doit s'organiser non en vue d'un bluff profitable pour quelques-uns, mais afin que chacun puisse obtenir la place à laquelle il a droit »...

« Nous adoptons la formule : le maximum de production dans le minimum de temps pour le maximum de salaires. N'oublions pas que la production des bénéfices conditionne leur répartition et qu'il faut se méfier de l'utopie. Quand la théorie supprime les faits, les faits se vengent. »

Ce petit catéchisme dit tout; si on savait bien le faire comprendre aux masses ouvrières, les entrepreneurs de guerre civile prêcheraient demain dans le désert et tous les travailleurs répondraient à l'invitation si juste, si éloquente, de M. le ministre Loucheur en entonnant en chœur l'hymne à la production.

* *

Le terrain se prépare du reste tous les jours pour faciliter une évolution pacifique et féconde dans le sens le plus favorable aux intérêts de la classe ouvrière elle-même. Le législateur n'a pas attendu la fin de la guerre pour établir les bases d'accord qui pourraient assurer aux ouvriers « la place à laquelle ils ont droit »

Le Sénat a abordé le problème dans toute son ampleur sur l'initiative hardie d'un de ses membres les plus laborieux M. Henry Chéron, qui par une série de projets de lois bien enchaînés a esquissé une organisation d'ensemble qui permettra aux ouvriers par des ententes avec les patrons, de réaliser progressivement leur émancipation complète.

La première de ces lois, celle sur les Coopératives ouvrières de production, permet aux ouvriers de devenir à la fois ouvriers et patrons.

Une autre crée des actions de travail qui leur assurent une part dans les bénéfices, et même dans la gestion des entreprises Vient ensuite la loi sur la capacité civile des Syndicats professionnels qui institue des personnes morales auxquelles elle accorde un patrimoine. Toutes ces lois sont complétées et couronnées par la dernière que le Sénat vient de voter sur le contrat collectif de travail.

L'honorable M. Chéron a clos la discussion de celle-ci par une déclaration qui en fait ressortir l'importance et l'esprit : « Une action syndicale organisée, sage et ordonnée, est infiniment préférable à toutes les interventions abusives de l'Étaisme. Nous n'avons sûrement pas établi la République pour y reconstituer l'État-Roi... »

« C'est aux associations de travailleurs qui se forment et s'élèvent, prenant peu à peu conscience de leur rôle et de leurs obligations dans la vie économique moderne, qu'il faut remettre, comme à de véritables personnes, les instruments juridiques de capacité et de responsabilité. Les deux mots se lient, car il ne saurait y avoir de droits sans devoir. Puisse la loi que vous allez voter constituer un moyen nouveau de rapprocher le capital et le travail. Jamais cette œuvre de concorde sociale n'a été plus nécessaire. Sans elle l'immense triomphe de la France serait sans lendemain.... »

.*.

A' toutes ces raisons de nous rassurer sur l'avenir, en rendant impossible l'éruption du Volcan bolchéviste qui essaie de faire sauter l'Europe entière, ajoutons-en une dernière, qui est en France d'une force irrésistible. Pour faire contre-poids aux forces dissolvantes, aux éléments révolutionnaires qui tendent à tout désorganiser et à paralyser notre reconstitution nationale, nous possédons heureusement une masse compacte de travailleurs et de producteurs, aux bras robustes et au cœur vaillant, qui cherchent de plus en plus dans leur esprit d'union et dans la solidarité de leurs efforts les moyens de doubler leur puissance de travail et de production, c'est celle de nos agriculteurs du haut en bas de l'échelle.

Le collectivisme ne les a jamais séduits, mais ils s'étaient laissé un instant envahir par un individualisme obstiné qui a aussi ses dangers parce qu'il disperse les forces au lieu de les concentrer et réduit l'individu isolé à une véritable impuissance. Une expérience prolongée a fini par opérer une véritable révolution dans leur esprit et aujourd'hui, dans nos campagnes, tous les yeux se tournent de plus en plus du côté de l'association généralisée qui multiplie les efforts et les ressources de chacun par l'assistance et le concours de tous. Le courant vers l'Union et la paix est aussi fort, on pourrait même dire aussi violent, du côté agricole que le courant de la guerre pour la guerre est impétueux dans les États-majors du parti révolutionnaire

Ainsi, se dessinent deux mouvements en sens

contraire qui, par la différence des résultats, ouvriront les yeux des plus aveugles. Pendant que les dirigeants du parti collectiviste poussent les ouvriers à la 'lutte sans merci et coupent tous les ponts derrière eux, au risque de la misère générale, la masse agricole tend au contraire à s'unir et à se fondre pour décupler sa puissance d'action et entrer dans une ère de prospérité indéfinie.

C'est ainsi que l'Association et la Mutualité deviennent de plus en plus le grand distributeur d'énergie qui en pénétrant les dernières couches de la population agricole leur procurera une rémunération toujours plus élevée de leur travail avec plus d'indépendance.

Ce mouvement ascendant d'union réfléchie parti des profondeurs du monde agricole n'a pas dit son dernier mot; il grandit tous les jours, et d'étage en étage il est à la veille de gagner les sommets les plus élevés. Il les avait déjà en partie atteint avec les grandes et puissantes associations qui forment aujourd'hui un magnifique ensemble dont tous les anneaux se relient solidement; nous en avons dressé la liste et nous n'y revenons pas.

Mais ces associations ont surtout en vue l'organisation et la défense de la production agricole au point de vue technique et économique, et elles n'ont pas toujours une force suffisante pour diriger les grands courants d'opinion qui intéressent l'agriculture ou pour vaincre la résistance des Gouvernements dans les questions vitales pour elle. C'est ainsi que l'idée est venue d'ajouter un rouage de plus à l'organisation existante, et de créer une association nouvelle qui pourrait, elle aussi, parler au nom de toute l'agriculture, comme le fait la

Confédération générale du Travail, pour les ouvriers, avec cette différence que tous les agriculteurs seront d'accord pour donner leur confiance
à un organe qui les représente, tandis qu'il n'y a
qu'une partie des ouvriers embrigadés dans la
Confédération générale.

Cette Association, qui a pris le titre significatif
de *Confédération générale Agricole*, est constituée
par les délégués des associations agricoles existantes et même par des agriculteurs ou ouvriers
isolés. M. Pallu de la Barrière, qui en a pris
l'initiative comme rédacteur en chef du *Journal
des Paysans*, où il plaide avec tant de force la
grande cause des ruraux, en trace tous les jours
les grandes lignes qui se précisent de plus en plus,
et qui permettent dès à présent d'entrevoir les
contours de l'idée nouvelle

Il n'entre pas, il ne pouvait pas entrer dans sa
pensée d'absorber, par la nouvelle association, la
masse de nos sociétés d'agriculture, encore moins
les grandes et toutes-puissantes sociétés qui rayonnent sur toute la France et dont l'action est de
tous les jours. Elles se sont organisées pour la
grande bataille du lendemain de la guerre, et il
faut leur laisser toute la liberté de leurs mouvements. Il peut encore moins être question de
prendre la place de nos Chambres d'agriculture
qui vont diriger et régulariser la marche de notre
agriculture dans chaque région.

Il résulterait d'une similitude d'attributions des
difficultés, peut-être même des conflits qui paraly-
seraient l'action du nouveau groupement. Il importe au plus haut degré qu'il n'apparaisse pas
comme une société agricole de plus, mais unique-

ment comme une sorte de porte-drapeau de l'agriculture elle-même, chargé en quelque sorte de surveiller l'horizon, et de se porter avec toutes les
forces réunies du monde agricole sur tous les
points où l'intérêt général exigera une intervention
exceptionnelle et un effort décisif.

Il est bien entendu qu'elle sera avant tout professionnelle, qu'elle ne sera que cela et que, ni
directement, ni indirectement, elle ne versera dans
la politique, ce qui la condamnerait à une impuissance irrémédiable. Si elle venait à apparaître
comme une machine de guerre électorale, ce serait
sa mort. Il faut que tout le monde y entre sans
arrière-pensée ; si elle avait d'autres visées que la
défense désintéressée de l'agriculture, elle serait
sans autorité et sans influence.

Quant à son programme agricole, on ne peut
encore en apercevoir que les grandes lignes, et
nous croyons qu'il serait prématuré et imprudent
de les délimiter dès à présent d'une façon trop
rigoureuse. Il dépendra surtout des circonstances
et il sera plus prudent, plus sûr, pour la nouvelle
association, de marcher à pas comptés et de ne pas
aller trop vite pour ne pas être obligée de revenir
ensuite sur ses pas.

Il nous paraît que son action devrait être limitée
aux grandes circonstances et en quelque sorte
commandée par les événements Prenons quelques
exemples pour traduire notre pensée à ce sujet et
indiquer le rôle du nouveau groupement tel que
nous le comprenons.

On aperçoit tout de suite, par exemple, que, s'il
avait existé pendant la guerre, son intervention
accentuée aurait pu être d'une efficacité souveraine

pour régulariser le fonctionnement des réquisitions qui ont été pratiquées si souvent de la façon la plus arbitraire, sans que les nécessités militaires aient pu justifier les nombreux abus dont nos agriculteurs ont été victimes; les justes observations d'un groupement parlant au nom de l'agriculture française auraient pu en prévenir beaucoup.

Au lendemain de la guerre et pendant la période de reconstitution qui mettra nos agriculteurs aux prises pour tant de questions avec les pouvoirs militaires et les administrations civiles, que deviendraient nos populations agricoles, réduites à l'état de poussière, en face d'innombrables fonctionnaires trop prompts à la résistance, si on ne leur assurait pas un défenseur général capable de plaider leur cause avec autorité. Il ne s'agit pas, bien entendu, de faire intervenir la nouvelle association à tout propos, mais uniquement quand elle se trouvera en face d'injustices systématiques.

Dans le domaine législatif, son rôle sera le même; la Confédération ne devra élever la voix que pour combattre les mesures et les projets de lois qui seraient de nature à porter atteinte aux grands intérêts de l'agriculture, par exemple en matière d'impôts et d'administration générale.

Enfin, elle aura à protéger le libre développement de l'agriculture, en la défendant contre l'étatisme, contre les abus de pouvoirs, contre la mauvaise direction qui pourrait être donnée aux services de l'agriculture, etc., etc.

Sur le terrain des lois sociales, sa vigilance doit être encore plus en éveil, elle ne devra pas hésiter à livrer bataille au collectivisme sous sa forme agraire, la socialisation de la propriété foncière

C'est heureusement une utopie qui ne prendra pas
aisément racine sur les terres de nos poilus, pas
plus, du reste, que sur les autres [1].

Ces indications nous paraissent suffisantes pour
donner une idée du programme possible de la nouvelle Confédération. Si elle comprend bien sa mission, elle deviendra comme le couronnement de
l'immense édifice qu'il s'agit aujourd'hui de construire de toutes pièces, pour abriter la fortune de
la France et la porter aussi haut que possible. Elle
contribuera en même temps à l'apaisement général
dans le monde du travail, au désarmement des
partis et à la fin de la guerre sociale, qui s'éteindra
d'elle-même, quand elle ne pourra plus espérer
nulle part de point d'appui.

C'est ainsi qu'au-dessus de toutes les questions
irritantes, de toutes les batailles d'opinion, de tous
les systèmes, finira par se dresser, comme un
champ immense de rapprochement et de concilia-
tion, le problème fondamental sur lequel tous les
Français, sans distinction de parti, pourront se
concentrer sans se heurter, parce qu'il sera le même
pour tous, le grand problème de la reconstitution
économique de la France et de la reconstruction
de sa fortune.

1. Au moment de mettre sous presse on nous annonce la naissance d'une autre grande Association, organisée par le groupe
de Défense paysanne de la Chambre des Députés et présidée
par l'honorable M. Jean Durand, sous le titre de Ligue des
Paysans de France. Son programme est très vaste, trop vaste
même, et semble se confondre avec celui de nos grandes
Sociétés d'Agriculture.

*

En face des ruines accumulées partout, de l'inquiétude du lendemain qui va assiéger tous les chefs de famille, de la nécessité pour tous les Français de travailler désormais sans relâche, il se fera par la force des choses une détente générale, un oubli de toutes les petites passions de la veille. D'instinct, on se serrera les uns contre les les autres et on se tendra la main pour lutter ensemble contre l'ennemi commun : la détresse générale qui va frapper à toutes les portes sous la forme d'impôts nouveaux, de diminution des fortunes, de réparations des ruines de la guerre.

C'est sous l'empire de ces poignantes préoccupations, de ce souci cuisant de l'avenir que la France va se remettre en marche avec une ardeur sans pareille. Elle ne devra plus avoir qu'une idée qui dominera toutes les autres, celle de panser ses blessures, et de se hausser au niveau des grandes nations qui, après avoir combattu à ses côtés, vont toutes reprendre leur essor sur les champs de bataille du travail.

Mais, pour être à la hauteur de nos nouvelles destinées, nous ne saurions trop le répéter, il faut que nous devenions des hommes nouveaux dans un pays nouveau. Si nous n'avions pas le courage de sortir des ornières du temps de paix, comme l'a si justement dit M. Aristide Briand, dans son grand discours sur la Réforme électorale, si nous nous obstinions à dépenser toutes nos forces dans des luttes misérables, dans des querelles de partis qui s'envenimeraient de plus en plus, si nous ne faisions pas tout rentrer dans l'ordre en mettant chacun à sa place, en obligeant le Gouvernement à gouverner au lieu de combattre, et les fonctionnaires à administrer dans l'intérêt de tous, sans distinction de personnes ; si, en un mot, nous ne transformions pas nos méthodes gouvernementales et parlementaires de façon à n'avoir plus de forces perdues, nous cesserions d'être une grande nation après avoir été la première puissance militaire et nous nous détruirions de nos propres mains en pleine victoire

Un pareil suicide n'est pas possible et nous saurons l'éviter en ayant le courage de dépouiller le vieil homme ; l'instinct de la conservation qui est aussi puissant chez les peuples que chez les individus suffira, nous en avons la ferme conviction, à nous préserver de toutes les tentations, de toutes les défaillances, de toutes les passions mesquines qui vont essayer de nous barrer la route.

Ayons donc confiance en nous et ne doutons pas de l'avenir : la France ne mourra pas et l'ennemi héréditaire sera condamné, pour la punition de ses crimes, à assister à son glorieux relèvement. Elle a montré pendant la guerre sa volonté implacable de vaincre ; il faut qu'après la guerre, elle affirme sa volonté inébranlable de vivre.

TABLE DES MATIÈRES

IMPRIMERIE LAHURE,
9 RUE DE FLEURUS — PARIS

www.ingramcontent.com/pod-product-compliance
Lightning Source LLC
Chambersburg PA
CBHW070759270326
41927CB00010B/2207